A. D'AUBIGNÉ

—

L'ENFER

NIHIL IN OBSCURO

PARIS

Cabinet du Bibliophile

M DCCC LXXIII

L'ENFER

SATIRE D'AGRIPPA D'AUBIGNÉ

CABINET DU BIBLIOPHILE

N° XV

TIRAGE :

320 exemplaires sur papier vergé (nos 31 à 350).

15 » sur papier de Chine (nos 1 à 15).

15 » sur papier Whatman (nos 16 à 30).

350 exemplaires numérotés

No 268

AGRIPPA D'AUBIGNÉ

L'ENFER

SATIRE

« DANS LE GOUT DE SANCY »

*Publiée pour la première fois
D'après le manuscrit du recueil de Conrart*

AVEC UNE NOTICE PRÉLIMINAIRE
DES ÉCLAIRCISSEMENTS ET DES CORRECTIONS

Par M. Ch. READ

NIHIL IN OBSCURO

PARIS

LIBRAIRIE DES BIBLIOPHILES

RUE SAINT-HONORÉ, 338

M DCCC LXXIII

INTRODUCTION

I

L'ENFER, — Satyre en prose, — dans le goût de Sancy, — *tel est le titre bien friand d'une pièce qui se trouve au tome IV du recueil in-4° des Manuscrits* Conrart, conservés à la Bibliothèque de l'Arsenal.

Placé là, entre le « Perroniana » d'un côté, de l'autre « le Divorce satyrique, par le roi Henri IV, ou du moins sous son nom » (sic), et non loin de « la Ruelle mal assortie », par la Reine Margot — en belle compagnie, comme on voit! — ce morceau, qui occupe soixante-quatre pages d'une fine écriture, avait, il y a quelques années, attiré mon attention. Le jugeant dès lors fort piquant, j'en avais pris copie, afin de me donner le plaisir d'en faire part, un jour ou l'autre, aux amateurs. Mais des travaux officiels multipliés, et d'un immense intérêt, absorbèrent bientôt tout mon temps, toute mon affection, jusqu'à ce que des événements néfastes, sur lesquels

la vérité est aujourd'hui si effacée et si obscure encore, vinssent infliger à notre malheureux pays, à notre cité, à nous-même, d'inconsolables douleurs, une accumulation inouïe d'irréparables pertes. —
Ainsi nous ont été faits des loisirs amers que hante la mémoire maudite des choses et des hommes à qui nous les devons, et que corrompt l'odieux cauchemar des faits accomplis...

On a remarqué qu'au milieu des éruptions les plus dévastatrices du Vésuve ou de l'Etna, une humble cabane, un chétif ermitage, était parfois épargné. C'est un peu là — si parva licet componere magnis — l'histoire de notre copie de l'Enfer.

Comment cette minime épave a-t-elle échappé aux flammes impies qui ont dévoré tant de séculaires et inappréciables trésors?... Ah! demandons-nous plutôt à quoi il a tenu que tout ce que Paris renferme d'incomparables richesses, Musées, Bibliothèques, Archives nationales, — tout enfin n'ait eu le sort de notre Hôtel-de-Ville, des Tuileries, de la « Librairie » du Louvre, et de tant d'autres édifices publics et particuliers; à quoi il a tenu que notre ville entière n'ait été, corps et biens, vouée, à partir du 18 mars 1871, à une ruine totale!... La fortune de Paris n'avait-elle pas été livrée au dieu Hasard? et n'est-ce pas ce dieu (aidé de quelques dévouements individuels, pour la plupart obscurs, inconnus, — importuns à coup sûr et méconnus —) qui a sauvé ce qui subsiste?

Toujours est-il que c'est bien cette aveugle divinité qui a sauvé, entre autres, ma pauvre petite copie, et qui a également préservé l'original. Car les flammes et les laves du plus horrible des incendies (celui du Grenier d'abondance et de l'Arsenal) ont menacé, durant plusieurs jours et nuits, la grande Bibliothèque de ce nom, et l'ont comme enveloppée sous mes yeux... A tout instant je croyais la voir en feu : elle a renouvelé le prodige de la Salamandre... Oh! je les aurai toute ma vie présents à ma pensée, ces effroyables spectacles du brasier parisien allumé par le 18 mars[1] !...

II

Puisqu'il a survécu à une telle catastrophe, ce brave petit cahier, dont j'avais dû faire mon deuil, comme de tous les papiers de mon cabinet de l'Hôtel de ville, — Enfer échappé aux Furies de 1871, — eh! bien donc, je veux qu'il vive, et j'assure ici son existence par le bienfait de l'invention de Guttenberg. Ce merveilleux instrument d'assurance intellectuelle, en nous gardant heureusement de nous-mêmes, est plus que jamais appelé à défendre, du moins en partie, les œuvres de l'esprit humain contre la folie et la barbarie modernes ; il en préservera le

---

1. Certes, il n'est rien arrivé qui ne pût et ne dût être prévu. Mon vieux camarade et ami Maxime Du Camp avait écrit, dans la *Revue des Deux-Mondes*, du 1er juillet 1869, en terminant sa remarquable étude sur la Préfecture de Police, que, si le pouvoir venait à s'abandonner *un seul jour,* « *Paris, comme une ville mise à sac, serait livré à tous les épouvantemens du vol, de l'incendie et du meurtre.* » Cela pouvait paraître alors de la clairvoyance à longue vue ; mais, à partir de septembre 1870, surtout en mars 1871, cela avait acquis la clarté de l'évidence. Ne semble-t-il pas, qu'à dater du jour de la déclaration d'une guerre insensée, tout le monde ait comme pris à tâche de tout faire, successivement, pour pousser Paris au bord de l'abîme et amener la réalisation de sinistres prophéties !

dépôt sacré contre les funestes aberrations ou les dé-
faillances du pouvoir, contre le vandalisme de notre
civilisation [1].

III

*Avant de donner mon manuscrit à M. Jouaust,
j'ai dû le relire plusieurs fois, pour le mieux connaître et l'annoter : j'en ai été de plus en plus en-
chanté. C'est assurément un morceau de maître. Il
est composé avec beaucoup d'art, et écrit avec ce
semblant de naturel, de bonhomie, de belle humeur,
qui donne tant d'accent à la malice. C'est, en même
temps, un très-agréable spécimen de cette jolie
langue courante de la fin du XVIᵉ siècle, qui a tant
de verdeur et tant de charme. J'oserais presque
dire que notre petite pièce est, dans son genre, un
petit chef-d'œuvre. Même au point de vue historique, elle a son degré d'importance, car on y rencontre un crayon très-fin des hommes et des choses
qui préoccupaient Paris et la Cour, un an avant la
mort de Henri IV. La date est mémorable.*

IV

*Maintenant, deux questions se posent devant nous.
Premièrement, l'Enfer est-il de ce maître ouvrier*

1. Je me suis trouvé avoir sauvé, toujours par cas fortuit, quelques autres papiers, et aussi le fameux pamphlet
le Tigre, dont j'avais fait acquérir l'unique exemplaire
connu pour notre pauvre Bibliothèque de la ville de Paris.
Je l'avais alors chez moi. Et j'ai bien failli être incendié,
même dans ma propre maison!...

à qui l'on doit la Confession de Sancy, *cette satire*
« *de haut goût* » *par exellence ?*

Je ne saurais en mettre ma main au feu : non
habemus confitentem reum. *Mais j'admets volontiers l'espèce d'attribution qui ressort de ce sous-
titre caractéristique du manuscrit Conrart :* Satyre
en prose, dans le goût de Sancy. *Il est certain que
d'Aubigné fut connu de bonne heure comme « franc
et docte gentilhomme », ainsi que le qualifie L'Estoile en son* Journal *(6 juin 1610), même avant qu'il
eût encore été imprimé ; il est certain que les doigts
lui démangèrent toujours, et qu'il a, comme on dit,
noirci beaucoup de papier, en sorte qu'il circulait
bien des épigrammes*[1] *de lui, bien des écrits de sa
main, longs ou courts, en prose ou en vers, ses*
Tragiques *notamment, commencées en 1577 et publiées seulement en 1616, mais dont il courut, de son
propre aveu, plusieurs copies ; enfin des quatrains
mordants, des pasquils ou autres* saupiquets[2], *tels que
ceux qui sont cités par L'Estoile (fin février 1597
et 27 décembre 1608). La* Confession de Sancy *elle-
même et les* Mémoires *de d'Aubigné furent longtemps dans ce cas ; ils n'ont été publiés pour la
première fois que bien des années après sa mort (la
première en 1660, les seconds en 1729, sur d'anciennes copies qu'on en avait gardées). Il en fut de
même de cette autre virulente plaquette,* le Divorce
satirique, *qu'on lui a attribuée, et peut-être avec*

1. « S'il trousse l'épigramme ou la stance bien faite »...
(*Tragiques*, II, éd. Jouaust, p. 110.)

2. Le mot est de d'Aubigné (*Fœneste*, III, 16). Il désigne ainsi de petites pièces *salées* et *épicées* comme le ra-
goût appelé *saupiquet*.

quelque raison. Quant à notre Enfer, sans qu'il soit d'aussi haut goût que Sancy (chose assez difficile), on comprend qu'un juge compétent, presque un contemporain, l'ait rapproché de ce célèbre pamphlet, encore inédit à cette époque, et dont les Recueils de Conrart contiennent aussi une copie.

Qui pouvait, en effet, connaître comme d'Aubigné tous les sujets divers dont parle, en gentilhomme lettré, l'auteur de l'Enfer, particulièrement ces choses de la Cour et de l'État, ces affaires des grands et du peuple, de la Huguenotterie et du Jésuitisme? Qui pouvait, en dehors de lui, écrire sur tout cela de ce ton et de ce style? Qui aurait pasquillé avec cet esprit tous les personnages marquants, et justement la plupart de ceux que l'auteur de Sancy ne portait point dans son cœur, et qu'il a poursuivis ailleurs de ses mordantes railleries?... Nous avons donc cru pouvoir ici ne pas

Imiter de Conrart le silence prudent,

alors surtout qu'il l'avait lui-même à peine gardé.

V

En second lieu, l'Enfer est-il inédit?

Je l'ai cru d'abord et pendant longtemps. Mais, d'après une trouvaille et une constatation toutes récentes, j'ai lieu de penser aujourd'hui que cet opuscule fut publié en son temps; toutefois je n'ai pu venir à bout de voir de mes yeux le seul exemplaire qui ait été signalé d'une édition primitive. Je pourrais donc faire encore des réserves à cet égard et m'en tenir au doute prudent de saint Thomas, si le *témoignage que j'ai rencontré ne me paraissait tout à fait péremptoire en un point décisif.*

On va en juger.

Je parcourais, pour la centième fois peut-être, mon Journal de L'Estoile, ce merveilleux document, ce répertoire inépuisable de renseignements et d'observations pour les règnes de Henri III et de Henri IV, et dont il importerait de mettre enfin sur pied une nouvelle édition complète, bien annotée, et surtout pourvue d'une bonne table! — C'est toujours avec un plaisir nouveau que, pour ma part, je me replonge dans cette lecture de L'Estoile. Sans cesse on y découvre des choses restées inaperçues, ou jusque-là incomprises, faute du trait de lumière, c'est-à-dire de la notion préalable ou concordante qui peut seule éclairer tel ou tel point et qui ne peut souvent qu'être fortuit. — Le relisant donc, afin d'y chercher des éclaircissements à notre Enfer, et alors que j'étais bien pénétré du texte de ce dernier, je tombai sur les lignes que voici, tracées par L'Estoile au 5 mai 1609 :

« *Vinrent les nouvelles d'une encores plus signalée* « *banqueroute et plus grande (car on disoit qu'elle* « *estoit, ainsi qu'on disoit, de quatre cens mille es-* « *cus), faite par Josse et Saint-Germain, maistre* « *des comptes, gendre de feu Parant, partizan (le-* « *quel le sel qu'il avoit tant à commandement n'a-* « *voit pu toutesfois garder de pourrir, dit l'auteur* « *de la* Descente aux Enfers). »

La Descente aux Enfers, *voilà un titre qui n'est point sans doute le nôtre, et bien fait pour nous dérouter. Mais comment m'y tromper, dès lors que je reconnaissais les deux lignes de cette* Descente aux

Enfers, *citées par L'Estoile, comme se retrouvant mot pour mot dans l'Enfer (voir p. 48)? Semblable rencontre, à pareille date* : analogie *frappante de titres*; identité *de textes*[1] ! Évidemment *notre satire avait circulé, en nouveauté à la main, sous un titre; elle avait pu être imprimée et publiée sous un autre.*

Y regardant alors de plus près, et revenant sur mes pas, je vis que, un mois auparavant, le 3 avril 1609, L'Estoile disait avoir « acheté, entre autres drolleries qu'on crioit devant le Palais, celle intitulée : La Descente aux Enfers. »

Il ne s'agissait plus que de mettre la main sur cette plaquette. Or, elle n'existe ni à la Bibliothèque nationale, ni à celle de l'Arsenal, ni à la Mazarine. Je l'ai demandée en vain aux libraires qui recherchent ces sortes de curiosités. Tout ce que j'ai pu apprendre, c'est qu'il en passa un exemplaire dans un catalogue de livres à prix marqués, publié par le libraire L. Potier en 1860. L'espoir que j'eus alors un instant d'en retrouver la trace ne s'étant pas réalisé, j'ai dû me borner à relever le titre complet donné par ce catalogue (n° 2023). Il est ainsi libellé :

La Descente aux Enfers dédiée à M. le Grand Œconome des Conards. *Rouen, de l'imprimerie de Nic. Hamilton, pour Thomas Daré, 1609. Petit in-12 de 103 pp. et 2 ff. pour le titre et la dédicace.*

On voit que cette rubrique nous en apprend un peu

---

1. L'Estoile mentionne aussi (au 15 nov. 1609) un certain « *Pèlerin d'Enfer* », qu'il prête à Dupuy et qualifie de « plaisante drôlerie ». Serait-ce la même plaquette autrement désignée par lui ?

*plus long que L'Estoile. Il y est fait mention d'une
dédicace adressée (chose bizarre) à* M. le Grand
Œconome des Conards[1], *laquelle dédicace n'est
point dans notre manuscrit, et a fait ranger la plaquette parmi les* Facéties, *tandis que sa place nor-
male serait parmi les* Satires *ou les pièces d'*Histoire
de France. *J'aurais été d'autant plus aise de faire
connaissance avec ledit imprimé; mais il a été impossible soit de retrouver cet exemplaire, soit d'en
découvrir un autre. Réduit à mes propres conjec-
tures, je ne puis m'expliquer l'addition d'une dédicace au grand Econome de la confrérie rouennaise
que par cette circonstance, que, l'Enfer étant publié
à Rouen, on aura voulu lui appliquer une sorte de
cachet local, peut-être aussi l'affubler d'un dégui-
sement carnavalesque, afin de dépister les chiens...
Je ne vois pas d'autre motif plausible pour que l'on
ait ainsi donné à un libelle satirique et politique,
modéré d'ailleurs, des dehors de joyeuseté, une
livrée de bouffonnerie, qui ne lui appartiennent pas;*

1. L'Abbaye des *Conards* (ou *Cornards*) était, dit Taillepied, une des confréries de métiers de la ville de Rouen,
mais surtout une confrérie joyeuse, ayant son bureau à
Notre-Dame-de-Bonne-Nouvelle. Ils avaient succédé, vers
1560, aux *Coqueluchiers*, jouant aux jours gras, les faits
vicieux. « Aux Conards présidait, par choix et élection, un
« abbé mitré, crossé, et enrichi de perles, quand solennel-
« lement il étoit traîné en un chariot à quatre chevaux le
« dimanche gras et autres jours de bacchanales. » (*Recueil
des Antiquités et Singularités de la ville de Rouen*, par
Taillepied. A Rouen, 1610, in-18, p. 50.) Cette confrérie
faisait alors une grande procession burlesque par les rues
et carrefours, parodiant les choses mêmes les plus rares
et les plus sacrées. Les Conards jouissaient alors d'un
droit universel de satire, de critique, de moquerie, et, le
lendemain, ils rentraient dans les devoirs de la vie com-
mune et régulière.

*car la plaisanterie n'y dépasse point les bornes, et si
elle va, dans son dénoûment, jusqu'au burlesque,
elle ne descend pas jusqu'à la farce grossière[1].*

Ce qui demeure acquis, à mon avis, c'est que cette
Descente aux Enfers *et notre* Enfer, — *l'imprimé in-
trouvable et le manuscrit* (lesquels me semblent, jusqu'à preuve contraire, ne devoir faire qu'un seul et
même opuscule), — *sont aussi ignorés l'un que l'autre,
et que c'est en quelque sorte un petit chef-d'œuvre in-
connu qui voit le jour ici véritablement pour la première fois[2].*

1. Le savant bibliothécaire de Rouen, l'auteur du *Bi-
bliographe Normand*, M. Ed. Frère, a naturellement rangé
la *Descente aux Enfers* parmi les écrits relatifs aux Conards.

2. Depuis que ces lignes sont écrites, j'ai pu enfin obtenir sur ce sujet quelques renseignements propres à je-
ter quelque jour sur la question. Un bibliophile de Rouen,
M. Lormier, possède un exemplaire, non de l'édition signalée
ci-dessus, mais qui est intitulé : *La Descente aux Enfers,
reueüe et augmentée,* 1609 (même format, même nombre
de pages et feuillets que l'autre). C'est donc bien là une
seconde édition, et de la même année. La dédicace, qui a
quatorze lignes, est datée : *de la Valée de Misère, ceste
nuit, 2 mars* 1609; elle est signée des initiales F. D. L.
— Mais, sauf les vingt premières lignes de notre opuscule
qui s'y trouvent mot pour mot reproduites (au deuxième
alinéa, après un premier servant de préambule), le texte de
notre *Enfer* et celui de la *Descente aux Enfers,* dédiée aux
Conards, sont absolument différents : le dernier est seul de
nature à motiver la dédicace. — Il résulte de ce rapprochement et de cet éclaircissement que cette dernière *Descente aux Enfers* n'est qu'une sorte de facétieuse parodie
de celle que mentionne L'Estoile, tandis que celle-ci devait
être notre *Enfer,* puisque l'identification (établie par la
phrase relative au partisan du sel Parent) subsiste. — Il
reste donc à découvrir un exemplaire de la plaquette ori-
ginale de 1609 achetée par L'Estoile, et à expliquer pour-

VI

L'Enfer est avant tout ce qu'on appelle une actua-
lité; c'est une petite Ménippée. *Or, pour bien appré-
cier, après coup, le mérite de ces sortes d'écrits,
pour en sentir tout le sel, pour en jouir, en un mot,
il ne faut pas seulement se prêter de bonne grâce
aux étrangetés du cadre choisi par l'auteur; il faut se
reporter à l'heure même où il composa son œuvre, se
placer dans le milieu social, dans le monde politique
qu'il a voulu peindre en charge. Il importe surtout
de se familiariser avec certains détails de mœurs et
de personnalités, avec les historiettes et les ridicules
de l'époque, d'entrer enfin, autant que possible, dans
l'esprit et dans la peau, comme on dit, des indi-
vidus mis en scène, des lecteurs contemporains et de
l'auteur lui-même.*

*En l'espèce, il convient de se faire un petit nécro-
loge des personnages qui, au commencement de
l'an* 1609, *étaient descendus* ad patres, *ainsi qu'une
petite statistique des survivants et des heureux du
jour. C'est donc toute une étude historique et bio-
graphique, anecdotique surtout et assez vétilleuse,
que l'on a lieu de faire; mais on sera bien payé de
sa peine :* operœ pretium est.

*Cette besogne rétrospective se trouve déjà ébau-
chée dans les quelques notes (en trop petit nombre*

quoi elle eut, cette même année, les honneurs d'une parodie joyeuse, portant le même titre et publiée à deux éditions. C'est au moins l'indice d'un grand succès de vogue,
et il y a là une petite énigme bibliographique dont la so-
lution mérite d'être cherchée.

malheureusement) qui ont été ajoutées sur le manuscrit (sans doute par Conrart), et que j'ai reproduites au bas du texte. J'ai essayé de la compléter :
1⁰ par des éclaircissements additionnels et des corrections au texte, qu'on trouvera à la suite[1]; 2⁰ par
un triple index, qui aidera le lecteur à se reconnaître
parmi cette mêlée des morts et des vivants, laquelle
n'occasionnait évidemment aucune confusion pour des
contemporains, sachant à quoi s'en tenir, mais qui
est aujourd'hui, pour leurs descendants, fort ma-
laisée à débrouiller ; 3⁰ enfin, par une rapide ana-
lyse préliminaire, qui va faire saisir le fil de notre
scenario et en donnera la note.

VII

Nous sommes à Paris, d'où nous allons descendre
aux Enfers, quinze mois environ avant la mémorable
catastrophe qui viendra, si brusquement et si fatale-
ment, mettre fin au règne d'Henri IV.

A en croire le héros de notre petite odyssée (car
c'est lui-même qui nous fait le récit de son aventure),
la grand'ville avait dès lors une communication
souterraine et directe avec le sombre empire. Cette
issue, qui plus tard fut signalée au sud, aux carrières de Montrouge, comme le constate l'adage, re-
lativement moderne :

Barrière d'Enfer :
Entrée de Paris.

1. Il y a, dans le manuscrit Conrart, douze *blancs*, d'un
ou plusieurs mots, qu'il n'a pas été possible de suppléer.
Ces copies à la main étaient, comme toujours, fort défec-
tueuses.

était alors au nord, dans les carrières à plâtre de
Montmartre. C'est par là que notre homme se
trouve donc accidentellement précipité, entraîné vers
la région infernale, et l'y voilà non moins empêché
de reprendre le dessus que... l'Espagne, aux prises
avec les Pays-Bas. Bon gré, mal gré, il lui faut, bien
qu'encore en vie, suivre le grand chemin des morts et
gagner avec eux la rive du Styx. Il y aperçoit tout
d'abord le roi Henri III, attendant là qu'on veuille
bien songer à l'enterrer ici-bas (car on l'a effectivement oublié à Compiègne, durant tout le règne de
son successeur, et — rapprochement singulier ! — il
ne sera porté à Saint-Denis que quatre jours après
la mort, huit jours avant l'enterrement de Henri IV).
Le dernier des Valois est en ce moment absorbé
dans le règlement de la dépense d'un bal, avec son
ancien mignon M. d'O. Notre intrus est frappé
des nombreuses plaintes auxquelles donne lieu le
nautonier Caron, qu'on accuse de partialité, de fa-
voritisme : on se croirait à la cour de France. Dans
la foule, notre homme avise deux célèbres Esculapes,
ex-médecins du Roi, La Rivière et Marescot, qui, le
saluant de leur ordonnance d'usage, lui recomman-
dent de se tenir bien chaudement. On cause ; il leur
apprend la grosse affaire des canons de Sedan, sur-
venue peu de mois après leur départ de ce monde
et qui a tant fait de bruit. Mais ceux-ci connais-
saient trop bien le sage Alquife pour s'y laisser
prendre : c'est là, à leurs yeux, une finesse du Roi
cousue de fil blanc. Le madré monarque a joué son
jeu habituel avec son compère Sully.

Cependant il s'agit de passer à l'autre bord : Hic
opus, hic labor est. Ne traverse pas le Styx qui
veut : Caron se montre intraitable vis-à-vis des

ombres, à plus forte raison à l'égard d'un vivant.
Pour fléchir le farouche nautonier en faveur de
notre héros, il ne faut rien moins que la caution d'un
bon diable qui le rencontre là, un diable-courtisan,
lequel est courrier entre Paris et l'Enfer, et dûment
commissionné ad hoc par M. de La Varenne, le contrôleur des postes. Cet utile fonctionnaire fait aussi
(comme de juste) la contrebande : sa malle est pleine
« d'étoffes pour des caleçons aux dames de Paris ».
La Rivière veut absolument profiter de l'occasion
pour sauter dans la barque; mais Caron le repousse
durement, et cela dans son propre intérêt, car, lui
dit-il, les médecins, retrouvant là-bas tous leurs
clients, seraient immédiatement écharpés par eux!

Le nouveau venu est à peine débarqué dans le
royaume de Pluton, qu'il se trouve en présence de
deux jeunes gens se battant en duel avec un extrême
acharnement. «Ce sont à coup sûr deux Français»,
pense-t-il; et, en effet, il reconnaît en s'approchant
le jeune comte de Laval, huguenot converti, et
M. de Bauves, fils de M. Du Plessis-Mornay. Il leur
tient un beau discours sur cette folie, dont il leur fait
honte. On l'écoute, on s'apaise, et tous trois se diri-
gent, en devisant sagement de chose et d'autre, vers
le Collége des Jésuites, où commande, non pas un
recteur ni un provincial, mais bien un capitaine, le
R. P. Claude Matthieu, l'ex-courrier de la Ligue,
accoutré en batailleur, comme il convient aux Jésuites... en Enfer. Tandis que M. de Bauves rega-
gne son logis (car il aurait horreur de mettre le pied
en pareille maison), M. de Laval conduit notre hôte
à la chambre qu'il a en ce Collége, et il le fait passer
par la salle de théologie, où se trouve une grande
affluence de gens qui se pressent pour entendre une

harangue. L'orateur est feu M. Marion, le célèbre
ex-avocat général ; son éloquence est employée à dé-
noncer un horrible scandale donné naguère à Paris
par le père Cotton, lequel a « forcé une fille... et le
diable qui estoit dedans » à commettre en sa faveur
toutes sortes d'indiscrétions fâcheuses. Il faut, s'é-
crie-t-il, que ledit père Cotton soit puni par le général de l'Ordre : on n'a qu'à le lui envoyer dire à
Rome. Quant à ce diable qui a eu la faiblesse de lui
céder, le zélé avocat général l'a incontinent fait
poursuivre, saisir, garrotter et juger. Sur quoi, le
père Claude Matthieu ayant fait droit auxdites ré-
quisitions, le pauvre diable est amené pour être
livré au bourreau d'Enfer, lequel n'est autre que
frère Jacques Clément, — car c'est chose digne de
remarque que « tous les officiers d'Enfer se trouvent
être des Français ». Au moment où l'on va chercher
la discipline de monsieur l'Archevêque de Sens pour
administrer au patient les vingt coups auxquels il a
été condamné, il se découvre que cette discipline
est... une queue de renard, avec laquelle le vénérable
prélat « a accoustumé d'ôter la poussière qui s'a-
masse sur son bréviaire ».

S'étant ensuite retirés dans la chambre de M. de
Laval, nos deux personnages reprennent leur entretien, et le jeune comte s'ouvre naïvement à son
compagnon sur les mobiles qui l'ont induit à faire,
lui aussi, le saut périlleux. Comment résister à la
tentation de balancer son rival, le duc de Rohan, et de
s'assurer une influence prépondérante en Bretagne,
en s'affiliant au parti catholique par son abjuration,
tout en conservant d'ailleurs à sa dévotion bien des
protestants, par le moyen de sa mère, Mme la maréchale de Fervaques, demeurée huguenote ?

La situation présente des huguenots, la ligne de
conduite de Henri IV et de Sully, les succès crois-
sants des Jésuites auprès du Roi et leur prétention
avouée d'envahir l'Université, tout cela défraye
tour à tour la conversation.

Bientôt survient le capitaine Claude Matthieu, qui
accueille notre visiteur avec sa courtoisie matoise, et
l'aborde avec ce ton doucet et mitouard, propre
(alors) aux Révérends Pères. On cause longuement
et en toute confiance du bon père Commelet, ce
« grand et gros homme de bien » ; de la Reine Elisabeth, de son successeur le Roi Jacques I et de « la
messe bannie d'Angleterre », de la conjuration des
Poudres. Père Matthieu a grand soin de s'en laver
les mains et de déclarer tous ses « confrères inno-
cents de ce complot », dont il jure bien que « pas un
ne se fût mêlé... s'il eût cru que cette affaire dût
être découverte. »

La cloche du souper ayant sonné, on se rend au
réfectoire. Chacun des convives reçoit pour sa portion
les viandes qu'il a préférées durant sa vie : cha-
peaux de cardinal... en peinture ; bonnes grâces de
princes ; grands desseins et révolutions d'État... sur
le papier. D'aucuns ont la confession des dames, la
chronique secrète des ménages... ; d'autres, des enga-
gements de néophytes gagnés à la Société. Il en est
qui se contentent d'épigrammes d'écoliers, de cou-
ronnes de clinquant destinées à certains costumes des
tragédies de rhétoriciens. Bref, tous se nourrissent de
viandes fort creuses, de petits mets remplis de vent.
Aussi leur hôte est pris de peur qu'on ne lui serve
semblable cuisine : mais que nenni ! Les bons pères
ont grand soin de bien traiter leurs amis : on lui
apporte « d'un bon oison de la table du cardinal de

Sourdis », avec indulgence plénière pour en user...

Pendant le repas, on fait la lecture réglementaire dans un livre de haute édification, doctement composé par M. le connétable de Montmorency, et traitant : 1° de la Chasteté de la marquise de Noirmoutiers ; 2° de la Vie et Gestes de M. de La Varenne. Au dessert, le lecteur donne connaissance à l'auditoire des « Nouvelles Orientales », et entre autres de « la Conversion du grand Sophi de Perse par un de la Société ».

Il se fait tard. Les chemins n'étant pas sûrs la nuit... en Enfer, notre voyageur est invité à partager la chambre de M. de Laval. On lui promet que le lendemain matin, après la méditation de cinq heures et quart, un de la Compagnie lui servira de guide pour achever son pèlerinage, et lui fera « un commentaire bien solide sur le VIe livre de l'Énéide ».

La nuit terminée, on se met donc en route, en commençant par le quartier des Sept Péchés mortels, que notre pèlerin a désiré visiter, sûr qu'il est d'y trouver nombre de parents et d'amis. Il ne veut nommer personne, mais « les premiers qu'il rencontre là, entre les bons ivrognes et gens de bonne chère », sont... le feu comte Charles de Mansfeld, le feu comte de Salm, M. de Bassompierre et M. de Haussonville, avec M. de Schomberg, sergent-major de cette troupe, où apparaît surtout un très-grand nombre de Suisses et d'Allemands. Leur supplice consiste à être tous attablés, « le bonnet de nuit en tête et le pot de chambre entre les jambes », devant force « bonnes et succulentes viandes salées », au milieu desquelles se tient debout le marquis de Pisani, qui ne leur permet pas de boire plus souvent que lui-même. Or, le marquis n'a pas bu depuis sept mois.

Heureusement que la venue d'un étranger est une occasion de boire un coup, et que, en son honneur, M. de Pisani y consent. Aussi quelle fête! quels cris de joie!

Chacun de ces morts demande à notre vivant des nouvelles de ceux qu'il a laissés sur terre, et le charge de messages et recommandations pour eux.

On passe au quartier des Larrons, *non sans avoir, à la sortie, maille à partir avec un maître diable qui prend notre étranger pour un ivrogne en rupture de ban, et veut à toute force le réintégrer à la terrible table. Son passeport exhibé fait enfin reconnaître l'erreur, le diable s'excuse sur son zèle extrême pour la police et justice d'Enfer, lesquelles on s'applique en ce pays à conformer « de tout point à la justice française », — « principalement pour la longueur des procès et de la prison ». Après cette alerte, notre voyageur, ayant traversé un petit pont (qui ressemble fort à celui de la rive gauche de la Seine), se trouve dans une île où l'on voit tous les larrons de Paris, notamment « des financiers, plusieurs trésoriers de sa connoissance, un grand nombre de gabelleurs, partisans et autres, tels que Parant, l'ex-partisan du sel, qui est là bien salé, de peur qu'il ne pourrisse », et qui s'exprime avec sincérité sur toutes ces choses de la finance, « en homme expert aux affaires d'Enfer ». Il déclare donc que ce serait tout profit pour ses confrères si on les pendait en l'autre monde, comme ils le méritent, afin qu'ils y fissent pénitence. Cela les mettrait en état d'aller droit aux Champs-Élysées sans avoir à endurer l'épouvantable misère qui les attend ici, où ils tombent en pourriture, à tel point que lui-même, le croirait-on? tout son sel n'a pu l'en garantir.*

Tout à côté sont les Avocats, qui ne souffrent pas moins, pour tout le mal qu'ils ont fait. Ils n'ont même pas la consolation de s'en pouvoir plaindre, attendu qu'on leur coupe à tous la langue, cette perverse qui fut l'instrument de tous leurs méfaits. Haro sur ces baudets !

En une maison assez proche sont MM. les Conseillers et Juges, en robes rouges ou noires, assorties à leur condition et à leurs vertus. Les présidents Duranti et Brisson sont là, s'entretenant du danger d'une populace mutinée et de la mauvaise chance qu'ils ont eue de tomber, à Toulouse et à Paris, entre les mains de gens séditieux ; à quoi ne peuvent contredire l'avocat général Daffis et le conseiller Larcher, « à qui la peur leur en ôta la parole ». — Le feu président de Thou s'enquiert de son fils et de son Histoire. Le feu chancelier de Cheverny, plongé dans la lecture d'une lettre de Mme de Sourdis (avec laquelle il avait été du dernier bien), ne remarque pas d'abord la présence de notre visiteur ; l'apercevant enfin, il lui fait fête, et se joint à M. de Thou pour le charger de commissions. Il en est de même du feu président de La Guesle, inquiet de la rotondité de son fils, le procureur général, et de la stérilité de sa bru. Feu Lugoli, le célèbre lieutenant du grand prévôt, ce tourmenteur des inculpés et des condamnés, est momentanément absent pour le service de son maître ; sans quoi, il serait là, en proie au plus horrible des tourments et poussant des cris de désespéré.

Notre voyageur demande à aller voir « ceux qui ont aimé les belles gens », afin que leur vue le fasse plus homme de bien ; et il désire, après avoir passé par la Tournelle et le palais du roi Pluton, se rendre au logis des princes. Chemin faisant, il aperçoit deux duellistes qui s'escriment : l'un est encore M. de Bauvés, qu'il lui faut derechef gourmander vertement, et l'autre feu M. le maréchal de Balagny, bien plus vaillant, ce semble, après sa mort que de son vivant, mais toujours aussi présomptueux.

On fait la paix. Le bouillant fils de Duplessis-Mornay se calme et accompagne son sermonneur jusqu'au logis de feue Mme Catherine, sœur du Roi, laquelle le reçoit très-cordialement, et, après s'être informée de son ex-époux le duc de Bar, du Roi son frère, du jeune dauphin, de Mme de Verneuil, des enfants nés ou à naître, le convie à dîner avec elle, ainsi que le jésuite, son guide, — non sans quelque gausserie à ce sujet. Elle dîne d'un livre du célèbre médecin Fernel « sur la grossesse » (on sait quelle avait été son idée fixe à ce sujet), et régale ses hôtes de lentilles accommodées à l'huile d'olive, selon la mode de Béarn. On prend congé d'elle, on se rend chez la Reine-Mère, — laquelle est en train de se confesser au cardinal de Lorraine. Admis enfin à la saluer, notre visiteur s'acquitte de son message, dont elle feint (car elle feint toujours!) d'être enchantée. Arrive alors le diable-courrier, et sa venue lui fait d'abord appréhender quelque mauvaise nouvelle, comme par exemple de nouveaux États de Blois. Mais non, c'est seulement une copie du testament de sa fille, la reine Margot, qu'on lui apporte. Cet envoi lui fait faire un retour pénible sur le passé ; cependant elle se laisse persuader d'écrire à Margot, tout en enrageant de son démariement, une lettre dont notre narrateur nous communique une copie qu'il a eu la bonne chance de pouvoir en tirer à la dérobée.

Prenant congé de cette feue Majesté qui n'est rien

moins que contente, il convient avec le diable-poste
qu'ils partiront ensemble le lendemain matin. Sans
doute il a bien des choses à visiter encore, mais il
remettra le reste à une autre fois, car il lui tarde de
remonter au monde et de souper chez lui, en la rue
Saint-Honoré. Pour voir d'ici là le plus essentiel, il
se fait donc conduire par son guide à la cour de
Pluton. Le palais de ce souverain lui rappelle les
vieux bâtiments du Louvre, et les deux lettres gémi-
nées PP. PP., qu'il aperçoit partout, lui font commettre une étrange méprise : il y croit voir un signe
de la... Papauté ; on l'avertit que ce sont tout
bonnement les initiales de Pluton et de Proserpine.
Toutes les portes de l'Enfer s'ouvrant devant un
jésuite, surtout celles du palais du roi, il pénètre faci-
lement dans l'intérieur, et y trouve tout le monde
en l'air à l'occasion d'une fête qui se prépare pour
les noces de Florimond de Raymond, l'ex-conseiller
au parlement de Bordeaux, le pourfendeur de l'Hérésie, lequel se marie à l'illustre Jeanne la Papesse.
Justement le mariage se célèbre en cet instant à la
chapelle, et Pluton, qui est un bel homme ressem-
blant singulièrement à M. de Lesdiguières, honore
la cérémonie de sa présence. Quant à Proserpine,
un mal de dents l'a forcée de garder la chambre.
Florimond de Raymond est en habit de prêtre ; la
mariée n'a point de couronne, n'étant point pucelle.
Sur ces entrefaites, se présente le bonhomme Justus
Lipsius : il a repris son nom de Jodoce Liep et
porte une bonne robe fourrée que Notre-Dame lui a
envoyée pour lui tenir chaud en Enfer, en récom-
pense de celle que lui-même lui avait naguère laissée
par testament. Puis survient le pape Léon XI, qui
a quitté la terre fort à l'improviste, au grand dé-

plaisir de l'Église, et tout particulièrement de
Mᵐᵉ Conchine (la Galigaï), laquelle avait compté
sur lui pour obtenir des indulgences, — non certes
point des richesses ou des grandeurs (c'est, comme
chacun sait, le cadet de ses soucis!) — Mais, holà!
qu'est-ce? que veut dire ceci? le Saint-Pontife
répond par des coups de bâton, et son bâton est... une
marotte. C'est qu'il est devenu, hélas! le fou d'Enfer, pour avoir été si sot que de quitter la terre et le
Saint-Siége à contre-temps. Enfin se présente un
diable-messager arrivant d'Italie et qui apporte des
dépêches de l'ambassadeur de Pluton en résidence à
Rome. Bonnes nouvelles! le Pape donne en pur don
à la Diablerie sa République de Venise : il faut seulement qu'on se hâte d'en prendre possession. Deux
ambassadeurs sont encore annoncés ; l'un, de la part
des Suisses ; l'autre, des électeurs de l'Empire. Pluton en est médiocrement satisfait, car cela va faire
renchérir le vin en Enfer ; néanmoins il leur fait
bonne mine et les prie à une comédie qu'on va représenter. Les voici qui défilent : « tous de bons ventres,
et plus propres à enfanter Bacchus que ne le fut jadis
la cuisse de Jupiter. »

Où se trouveraient les bons acteurs si ce n'est en
Enfer, le Paradis leur étant fermé? La représen-
tation commence par une Pastorale.

On voit paraître une vieille bergère, aussi vieille
que Carmenta, la mère d'Évandre. Elle fut fort galante et fort courtisée en son beau temps ; aujourd'hui
la voilà qui caresse un vieil aigle, qu'elle porte
lié à son bras par sept gros cordons. Deux bergers
accourent, tous deux bien escortés, et se mettent à lui
faire l'amour avec autant de passion que si elle eût
été une marquise de Verneuil ou une comtesse de

*Moret. L'un des bergers s'appelle Henriot; il pro-
teste d'une passion vive et déjà ancienne, dont il a
donné des preuves assez éclatantes. Ne l'a-t-on pas
vu prendre prétexte, il y a trois ans, de la turbu-
lence de deux béliers d'une de ses terres, pour venir
jusqu'à la porte de la maison de la dame de ses pen-
sées, et réveiller ses gens en une de ses censes, nommée Clèves?* [1] *Il n'a pas caché son dessein, qui est
d'obtenir l'honneur d'être le grand maître de sa ber-
gerie et le gouverneur de son aigle. Il sait l'art de
la faire infailliblement rajeunir au moyen d'une
herbe enchantée, qu'on appelle « l'herbe des Écus ».
Pour ce qui est de son rival, qui va lui faire à son
tour la même déclaration, c'est, dit-il, un « jeune
veau »; il faudra qu'elle s'en méfie sagement, car elle
aurait à se repentir de l'avoir écouté.*

*L'autre berger, qui se nomme Philippot, se borne,
« avec la permission du Saint-Père, de ses confesseurs, et de son gouverneur de Lerme », à se prévaloir
des mérites de ses ancêtres, non des siens propres,
dont il fait bon marché. Il vante son caractère paci-
fique et débonnaire, et tombe sur ce diable de Henriot, qui est, dit-il, un mauvais garçon, capable de
devenir aussi glorieux, après le marché fait, qu'il se
montre actuellement courtois et honnête. — La bonne
vieille alors se contente de dire qu'elle n'est pas bien
habillée et qu'elle veut envoyer quérir une jaquette*

---

1. Il est à remarquer que la nouvelle consignée par
L'Estoile en son Journal, aussitôt avant la mention de
l'emplette faite par lui le 3 avril 1609 de la *Descente aux
Enfers*, est justement la mort de ce Guillaume, duc de
Juliers et Clèves, neveu de Charles-Quint, arrivée le
25 mars, et qui donnait ouverture à l'exécution des grands
projets militaires et politiques de Henri IV.

par delà la mer. — Les bergers, pour finir, chantent la prudence de leur maîtresse.

A cette Pastorale succède une Tragédie : « La vie et la mort de feu M. de Guise. » L'acteur chargé du rôle du duc fait de lourdes fautes, mais c'est précisément en quoi l'on remarque qu'il est bien dans son rôle et représente son personnage au naturel. On est particulièrement charmé d'une prophétie faite à M. de Guise, la veille de sa mort, par l'archevêque de Lyon, lequel lui prédit, entre autres choses, que son fils serait certainement roi, ses neveux princes du sang, et que si quelque empêchement y était apporté, ce serait non pas par la fleur de lis, mais par un allérion gros et gras (celui des Montmorency).

Enfin, une Comédie, ou Farce, termine la fête, et réjouit fort l'assemblée. On voit apparaître en scène tous les bâtards du roi d'Angleterre, lesquels demandent au Pape la censure d'un livre composé par le roi de France : De la virginité! M. d'Allincourt s'alarme et appelle à la rescousse les gentilshommes français contre cette impudence des Anglais, assez osés pour vouloir faire ainsi les maîtres à Rome. M. de Nemours, pour son malheur, répond à l'appel; mais M. Villeroy se tient coi, et pour cause. L'Espagnol accourt en personne et s'efforce de tirer l'épée... de son aïeul; mais il y a près de soixante ans qu'elle est rouillée au bout du fourreau. — Tout cela joué de la façon la plus drôlatique.

Les jeux achevés, on va coucher Florimond avec sa femme, et tandis que tout l'Enfer s'en donne encore à cœur-joie, notre pèlerin malgré lui s'esquive et se retire au collège des Jésuites, pour partir le lendemain matin avec son diable-poste et revenir à Paris.

VIII

Telle est la donnée, tels sont les personnages et épisodes que l'auteur a ingénieusement disposés dans son petit cadre. L'Enfer *a ainsi sa place dans les annales du* pamphlet français *et de la* parodie. *Il est bien du cru qui nous avait déjà donné les* Sotties *du moyen âge,* Pantagruel *et la* Ménippée ; *qui nous donnera bientôt* l'Anti-Cotton, *la* Confession de Sancy *et le* Baron de Fœneste *(qu'on ne saurait se dispenser de nommer ici) ; et plus tard, les* Provinciales, *puis les* Lettres persanes, *puis* Zadig *et* Candide ; *enfin, le* Vieux Cordelier ; *les refrains d'un certain chansonnier nommé Béranger, tels que ce* Roi d'Yvetot *et ce* Marquis de Carabas, *bien connus dans notre histoire ; le* Pamphlet des Pamphlets, *du vigneron Tourangeau, et, de nos jours, les brûlots de* Timon. *En un mot, c'est bien un filet de la verve rabelaisienne, un petit paquet d'étincelles de la gaîté gauloise.*

Plus d'une fois, le lecteur rira de ces actualités, vieilles de plus de deux siècles et demi, et toujours actuelles ; plus d'une fois il se dira que « dans ce temps-là, c'était déjà comme ça », et qu'il n'y a rien de nouveau sous le soleil, — en France, du moins. Les années passent, « on danse sur des volcans, » on révolutionne, on saute et ressaute de monarchie en république, de république en monarchie, comme moutons de Panurge ; et toujours on reste avec les défauts de ses qualités, comme avec les qualités de ses défauts. C'est, de règne en règne, la même pastorale et la même tragédie, la même comédie, la même

d

farce; c'est surtout la même parade militaire. En un
mot, c'est la fameuse comédie humaine, telle qu'on
la cultive en France... et ailleurs! — Tantôt les
médecins (p. 4 et 11), tantôt les Jésuites (17, etc.),
tantôt les ultra-montains et les gallicans, les huguenots, et les ultrahuguenots, sans compter les
ultralibertins, et les cumulards des deux camps.
Ici la mode parisienne exerçant son empire despoti-
que, et faisant faire, à son profit, la contrebande par
la poste elle-même (9); la question chevaline (9-10);
la question universitaire (29-30); la question d'argent et les financiers pourris (45); la discipline de
Monsieur.... de Sens¹ (23), et les dettes de Monsieur... de Beaumont (20); les mascarades et
changements de métiers (22); et le vaudeville des
« écus du beau-père » (24), qui amuse toujours, et
l'importante question des intrigues et formules épis-
tolaires (27); le chapitre des complots et trahisons
(33), et celui des banquets (36), où ne manque ni l'oison ni l'indulgence (37)... Plus loin, c'est l'ivrogne-
rie (40), puis les larrons de toute espèce (44), les
femmes fardées et les hommes crevés (39); la sacro-
sainte magistrature (48) et les excès de zèle de l'ad-
mirable « justice française » (44); la rage absurde et
inassouvie des duels (13-54); l'interminable chapitre
des illusions et des déceptions princières (56-62).
Partout, les idées, les mœurs, les divertissements de
la ville et de la cour, les noces et festins ébouriffants

1. Notre pauvre ville de Paris a bien connu, elle aussi
naguère, et pour ses péchés, la « discipline », la « force
morale », ainsi que les homélies de messieurs... tels et
tels!... Et elle les a payées bien cher! Mais il y aurait trop
à dire sur toutes ces navrantes tristesses de 1870 et 1871;
le moment n'est pas venu.

(64). *Puis la sempiternelle question romaine (67) et les pasquinades. Voici même (ô rapprochement fatal!) une démonstration du vainqueur de la Ligue... sur Metz (32), et, qui plus est, une reprise des canons... de Sedan (5-27), — mais bien préparées, celles-là, bien conduites, et réussies! Enfin, ce sont les éternelles rivalités des souverains pour la prééminence (70) et cette autre interminable question, la question espagnole, d'où va surgir une nouvelle guerre, arrêtée par... un assassinat, lequel donne lieu (pour comble de malheur) à une nouvelle régence italienne.*

Voilà — (nous n'avons fait que résumer et transcrire) — l'alpha et l'oméga de notre Enfer. Il est donc de tous les temps, et nous pouvons dire au nôtre :

Mutato nomine, de te
Fabula narratur.

Seulement, en 1609, la Bastille était debout, et l'on y entassait beaucoup de millions, — habitude qui s'est bien vite perdue, ce qui, plus tard, n'a pas peu contribué sans doute à l'accident qui survint à ladite Bastille, le 14 juillet 1789.

INDEX

I

Personnages, *mentionnés dans l'Enfer, qui étaient morts avant 1609.*

Le roi Henri III, mort le 1er sept. 1589 . . . . . 3, 32

M. d'O, surintendant des finances et gouverneur de Paris, m. 24 sept. 1594. 3

La Rivière, médecin du Roi, m. 5 nov. 1605. . . 3, 10

Marescot, médecin du Roi, m. 20 oct. 1605. . . 4

Le maréchal de Biron, décapité à la Bastille, le 29 juillet 1602 8

Le chancelier de Bellièvre, m. 9 sept. 1607. . . 8

Rabelais, le célèbre médecin et curé de Meudon, m. en 1553 11

M. de Guise (le duc Henri), m. 23 déc. 1588. . . 12

Le jeune comte de Laval, huguenot converti, tué en Hongrie, le 30 déc. 1605. . . . . 12, 23, 31, 36, 53

M. de Bauves, fils de M. Du Plessis Mornay, tué au siége de Gueldres, en nov. 1605. . 12, 15, 53, 54, 55

M. de Nantouillet, tué en duel, le 12 mars 1606 . 15

Le comte de Sault, m. 1er janv. 1609 15

Le R. P. Claude Matthieu, supérieur de la province

de France, ex-courrier de la Ligue, m. (?) . 17, 21, 30

M. Marion (Simon), avocat général au parlement de Paris, m. fév. 1605. 19

M. l'archevêque de Sens (Renaud de Beaune), m. en 1606. . . . . 21, 23

Jacques Clément, (l'assassin de Henri III), m. 1er sept. 1598. . . . . 22, 23

Élisabeth, reine d'Angleterre, m. 5 avril 1603. . . 33

Le comte Charles de Mansfeld, m. 14 août 1595. . 40

Le comte de Salm, m. en 1604 40

M. de Bassompierre (père du maréchal), m. en avril 1596 . . . . 40, 42

M. de Haussonville, m. en 1607. 40

M. de Schomberg, m. 15 mars 1599. 40

M. le marquis de Pisani (Jean de Vivonne), m. en 1599. . . . . 41, 42

Parant, gabelleur, partisan du sel, m. en avril 1604. 44

Le président Duranti et l'avocat général Daffis, m. 10 fév. 1589 48

Le président Brisson et le conseiller Larcher, m. 15 nov. 1591. 49

Le président Christophe de Thou, m. 11 nov. 1582. 49 50, 51, 58

La reine-mère Catherine de Médicis, m. 5 janv. 1589. . . . . 50, 51, 58

Le chancelier de Chiverny, m. 9 sept. 1607. . . 50

M. de La Guesle, président au parlement de Paris, m. en 1588. 51

Lugoli, lieutenant du prévôt de Paris, m. en mai 1600. 52

Le maréchal de Balagny, huguenot converti, m. en juin 1603 . . . . 54, 55

M. de la Trimouille, m. 15 oct. 1604. 55

Madame Catherine, duchesse de Bar, sœur du roi Henri IV, m. 13 fév. 1604. 55

M. de Malay, grand maître de Lorraine. . . . 55

Fernel, le célèbre médecin du roi d'Henri II, m. 26 avril 1558. 55

Le cardinal de Lorraine (Charles de Guise), m. 26 déc. 1574 58

Le pape Clément VII (Jules de Médicis), m. 25
sept. 1534 59

Le conseiller Florimond de Raymond, huguenot
converti, m. en 1602 64

Justus Lipsius (Jodoce ou Josse Liep), l'illustre érudit belge, m. 23 mars 1606 65

Le pape Léon XI, élu le 1er avril 1605, m. le 27 du
même mois 65

II

PERSONNAGES, *mentionnés dans l'Enfer, qui vivaient encore
en 1609.*

M. de Thurin, ex-conseiller au parlement de Paris.   3

Le président Jeannin   6

M. de La Varenne, contrôleur général des Postes. 7, 37

Le chancelier et garde des sceaux de Chiverny, successeur de M. de Bellièvre.   8

Le marquis de Saint-Germain.   10

La maréchale de Fervaques (Mme de Laval). . . .   16

Nervèze (A. de), littérateur, poëte   17

M. Du Plessis-Mornay   17

Le père Cotton, le célèbre jésuite. . . 20, 21, 26, 28, 29

M. de Beaumont, ambassadeur en Angleterre, fils du
premier président de Harlay.   20

Le duc de Lorraine et le bailli des Vosges. . . .   21

Moisset, dit Montauban, receveur des tailles, ex-tail-
leur d'habits.   23

M. de Rohan (le duc Henri)   24

M. de Sully (le duc). 24, 26, 46

Le pape Paul V. 26, 27

M. de Bouillon (le duc) 26, 27

M. le comte de Soissons, prince du sang. . . . 27, 56

Le dauphin (plus tard Louis XIII) . . . 28, 52, 56, 58

Le docteur Marius Ambosius (Amboise), professeur
au Collège royal de France.   30

M. Casaubon (Isaac), l'illustre érudit et professeur

au Collége royal. 30
Le père Commelet, jésuite, célèbre ligueur. . . . 31, 32
M. le cardinal de Lorraine. 32
Jacques Ier, roi d'Écosse, successeur d'Élisabeth au
    trône d'Angleterre 33
Le cardinal de Sourdis. 37
Mme de Sourdis. 37, 50
Le connétable de Montmorency 37
La marquise de Noirmoutiers. 37
La comtesse de Chemillé, maîtresse de La Varenne. 37
M. de Chanvallon, amant de la reine Margot. . 39, 62
M. de Vilbon. 39
M. et Mme de Rambouillet 41
Le vidame du Mans et sa femme 41
M. de Saint-Luc. 42
Le fils aîné et la fille de M. de Bassompierre. . . 42
Le comte de Fiasco. 42
M. de Bomboné, seigneur lorrain. 42
M. de Montbazon. 43
M. du Maine. 43
M. de Gesvres, secrétaire d'État. 45
Le président J. Aug. de Thou, l'historien. . . . 49
Le comte de Chiverny et son frère l'évêque de Char-
    tres 50, 51
M. de La Guesle, procureur général, et sa femme . 51
M. de Nancey. 53
Le prince de Joinville (Claude de Lorraine). . . . 54
M. le duc de Bar. 56
Le roi Henri IV. 56
Madame de Verneuil (la marquise). 56, 69
M. le prince de Conti. 57
La reine Marguerite de Valois, première femme du
    roi. 58
Le comte d'Auvergne, mis à la Bastille en juin
    1602 et sept. 1604 61
M. de Lesdiguières (le maréchal, depuis connétable). 62
M. de Roquelaure. . . . .
Le général des Galères (Philibert Emmanuel de
    Gondi). 62

Madame Conchini (Éléonore Galigaï, femme de Concini) 68
M. d'Alincourt 72
M. de Nemours. 72
M. de Villeroy 72

III

PERSONNAGES, ÉPISODES HISTORIQUES ET SUJETS DIVERS, *mentionnés dans l'Enfer ou présentés allégoriquement, collectivement, etc.*

La grosse affaire du siège de Sedan, en mars 1606. 5, 46
Le sage Alquife (le roi Henri IV). 5
Le prédicateur de Saint-Médéric (Du Perron, évêque, depuis cardinal, qui prêcha à Saint-Merry). . . 5, 18
Les duellistes et l'énormité du duel. 15
Les emportements du maréchal de Biron contre le chancelier de Bellièvre, le 29 juillet 1602. . . . 8
Boucher, curé de Saint-Benoît, le célèbre ligueur . 22
Colas et sa vache (c'est-à-dire les huguenots) . . 26
La Compagnie des Jésuites ; leur collége de Clermont ; leurs maisons de Saint-Louis, de La Flèche, Rouen, Bourges, etc., de Lorraine et de Savoie. 28, 29, 30, 32
Le voyage de Henri IV à Metz, en 1603. 32
La messe bannie d'Angleterre. 33
La conjuration des poudres, à Londres. 33
Le père Parson, Jésuite anglais 34, 35
Le réfectoire des Jésuites. 36
Les missions des Jésuites dans l'Orient. 38
Les ivrognes allemands et suisses. . . 40, 41, 42, 67
Les Français à Rome. 43
La Conciergerie du Palais... en Enfer 44
Les financiers, trésoriers, gabelleurs, partisans, receveurs des tailles et décimes, auditeurs de comptes et autres.... larrons en foire 19, 44, 45

Femmes et chiens, palefreniers et valets de cuisine de leurs seigneuries. 45, 46

Les états (charges publiques) et la judicature. . 19, 46

Les avocats, les magistrats. 48

Ceux qui ont aimé les belles gens. 52

La Tournelle.... en Enfer. 53

Le quartier des Princes.... en Enfer. 55

Le testament de la reine Margot.. . . . . . 58, 62

La cour de Pluton et de Proserpine. 63

La papesse Jeanne. Son mariage avec Florimond de Raymond 64

Le testament de Juste-Lipse, son legs à Notre-Dame de Halle. 65

Le démêlé du pape Paul V avec la république de Venise, en 1605. 67

La rivalité de la France et de l'Espagne, au sujet du comté de Clèves et Juliers, en 1609, sous forme de *Pastorale*. 68

Henriot (Henri IV) et Philippot (Philippe III). . 69, 70

Tragédie de la vie et la mort du duc de Guise. . . 71

Prophétie de l'archevêque de Lyon 71

L'allérion de la maison de Montmorency 72

Comédie, ou farce, de la rivalité des Anglais et des Français à Rome. 72

L'ENFER

L'ENFER

E chevauchois proche de Montmartre, dessus une jeune jument forte en bouche et ombrageuse, laquelle, m'emportant à son plaisir d'un lieu en autre, enfin me precipita dans une profonde quarriere de plastre qui donne jusques au grand chemin d'Enfer. C'est un chemin large, fort battu et aisé à tenir à celuy qui une fois y entre. Pour moy, je pensois m'estre tué, et, comme homme mort, n'osois parler ny me plaindre ; mais la foule estant grande de ceux qui tenoient le mesme chemin, il y en eut un qui d'avanture tresbucha sur moy, me donnant justement entre les deux oreilles. Je ne pus si bien faire que je ne m'escriasse, et, cognoissant par ma voix que

je n'estois pas mort, je me lève, me mettant en
devoir de reprendre le chemin du monde, et revenir à la terre des vivans. Mais il m'estoit autant possible de regaigner le pays hault, qu'à
l'Espaigne de venir au dessus du Pays Bas. Trois
fois je m'efforçay de remonter, et trois fois je
relaschay comme en une mer impétueuse et vent
dû tout obstiné à mon naufrage. Enfin la perte
d'espérance m'osta la crainte du desespoir, et me
sembla la fortune si aspre qu'elle ne pouvoit
plus changer qu'à mon mieux. Allons, dis-je,
suivons ce peuple ; et, tournant à proffit la ri-
gueur du destin, apprenons à mourir durant la
vie. Si ne pouvois-je esloigner de moy une juste
peur, pour veoir tous ceux qui estoient au
mesme chemin porter une livrée toute differente
de la mienne, sçavoir : un linceul qui les habil-
loit, quasi comme noz antiquaires depeignent les
vieux Romains, avec un sac de terre ou de pierre
sur la teste ; aucuns l'avoient de marbre, mais
c'estoient les plus chargez. D'ailleurs, n'y en
avoit pas un qui n'eust peur de moy, chose qui
soulageoit beaucoup ma crainte ; aussy avois-je
l'espée au costé et la plume au vent ; la plume
aussy grande que paon qui soit en Cour la sçeut
porter ; et l'espée, à la vestphalienne, marquée
d'une teste de mort, qui m'estoit pour presage
que je couperois à un besoin autant de testes de

trespassez qu'il y a au plus grand cimetiere de France.

Je ne fus pas longtemps à faire un grand chemin, car la marrée estoit pour moy, et fus comme un rien transporté en une grande place bornée de la riviere de Styx, où le feu Roy Henry III (qui alors n'estoit point encores enterré, son corps estant en depost à Sainte-Corneille de Compiegne) estoit encores, tant pour avoir attesté à faux ceste riviere (comme on dit) que pour n'avoir trouvé une motte de terre pour le couvrir. Pour moy, je n'eus pas l'honneur de le saluër, car je le vis empesché à faire un compte de la despence d'un bal avec monsieur D'O. Il y avoit un grand murmure de ceux qui se plaignoient de Charon, homme de bien toutesfois, à le veoir, et que je prins au commencement pour le conseiller Turin. On disoit qu'il prenoit en sa barque beaucoup d'âmes par faveur, qui ne meritoient pas tant le passage que les autres, et que, quand c'eust esté à la Cour, les choses n'eussent sçeu estre pis ordonnées, où les gens de bien et d'esprit demeurent en arriere, et quelques favoris s'advancent par leurs vices ou par celuy de ceux qui les agrandissent. Toutesfois, tout ce bruict s'appaisa à ma venuë pour un soudain estonnement qui les saisit de veoir un hoste si nouveau en ces quartiers-là et

n'y eust pas un qui ne tournast visage pour me
cognoistre. Entre les autres estoit le medecin
La Riviere, assez mal en ordre, selon son ancienne coustume, et le petit Marescot, qui juroit
par tout tant de Dieux qu'il en avoit jamais creu,
qu'en sa vie n'estoit entré en telle colere que
quand ceste grande foire d'automne le mena par
force en marchandise aux Enfers.

Je me tirai devers eux et, m'estant enquis de
leur santé, les suppliay de me conter quelque
chose de la mienne. Ils me dirent qu'il seroit
bon que je demeurasse tousjours bien couvert,
cachant mon cerveau de bons bonnetz, et usasse
quelquesfois de double robbe, selon que le temps
le requerroit. Je cogneu bien qu'ils me trait-
toient en amis, pour estre la drogue qu'on a
accoustumé de donner à tous les grands, et me
plaignois à eux de la cruauté du destin qui leur
avoit osté la vie lorsqu'elle pouvoit estre plus utile
à leur pays. Ils me demandèrent comment je l'en-
tendois ? « Parce, dis-je, que quelques mois après
vostre mort, à sçavoir sur le printemps, la Bastille tomba malade, et se mit à vomir poudres et
canons [1] si estrangement que la senteur donna
au nez des seigneurs voisins, mesmes, tient-on,
que plus de douze ventres estans bien sures

1. L'appareil du Roy Henry IV pour aller assieger Sedan.

firent leur cas dedans leurs chausses. Toutesfois, le mal s'est depuis tourné en colique, car
la pauvre Bastille, ayant fait un gros pet qui, à
l'espagnolle, après son premier esclat s'est
tourné en fumée, a esté guerie. » Ces messieurs
se meirent à rire de mon conte, et me dirent qu'il
n'y avoit point eu de danger en cela, mais que
ç'avoit esté de l'invention du sage Alquife, qui
avoit eu envie de se monstrer encores une fois à
la posterité de Perion et Gaule; et vous sçavez,
disoient-ils, que c'est sa coustume de mener un
grand bruict en telles affaires, et troubler tout le
monde d'une briefve et soudaine peur, comme
vous peut monstrer ce predicateur de Sainct-
Mederic par plusieurs passages de l'*Amadis* qu'il
a achepté à l'ancan pour avoir la fraze un peu
plus françoise. Si ne vous mentirons-nous pas,
que les nouvelles du trouble nous avoient bien
mis en peine, speciallement pour le presage d'un
astrologue qui nous asseuroit d'une guerre en
ceste année, où pas un ne seroit si courtois que
d'enterrer son compagnon. Mais nous descou-
vrismes la finesse par un pacquet qui vint icy de
la part du president Janin à Monsieur de Guise;
On ouvrit les lettres à l'entrée de ceste riviere,
doutant qu'il n'y eust quelque trame contre
l'Estat d'Enfer, car Messieurs de la Ligue ont
tant fait venir de gens icy qu'il en faudroit bien

peu davantage pour conquester tout cet Empire.
Nous apprismes beaucoup de nouvelles par ces
lettres, entre autres que tous les tuez au siege
de Sedan estoient encore en vie, et que la guerre
n'avoit pas esté si mauvaise qu'une extraordi-
naire furie de vent et de foudre qui avoit quasi
en mesme temps battu en ruine quelques lieux
voisins de la mer, et entierement mis par terre
ou par eau tout ce qui pouvoit resister à sa
cruelle violence. On accusoit bien quelques
diables de cet orage, mais ils s'en sont très
bien purgez, remonstrans combien de croix ceste
tempeste avoit porté par terre, l'approche desquelles leur estant interdit, comment les sçau-
roient-ils abbattre? J'estois sur le point de leur
demander advis sur mon comportement en lieu
si estrange, mais il survint une grande troupe
d'âmes qui nous separa et m'emporta avec la
foule au plus près du lieu où Charon a de coustume d'arrester sa barque. J'avois remis l'epée
au fourreau, exempt quasi de toute crainte, pour
veoir tout le monde sans armes et moins d'asseurance de m'aborder. Je sçavois bien que si
je pouvois passer ceste eau et voyager au dedans
de l'Enfer, j'y trouverois grand nombre de mes
amis, et n'en doubtois aucunement, pour avoir
esté nourry la pluspart de mes jours avec princes
et grands seigneurs; mais Charon, qui m'apper-

ceut avant que de demarer de l'autre rivage, faisoit grande difficulté de s'approcher de moy. Le
courant du Styx emportoit ma voix et mes prières
que je luy adressois : touteffois il pouveoit veoir
mes basses reverences et la contenance d'un
homme qui ne demande rien par force. Si penséje qu'il m'eust contraint de coucher là, tant il
craignoit de trouver quelque Hercule ou quelque
Rodomont; mais il luy fut force de passer un
diable et son laquais qui alloient à la Cour en
toute diligence. O Dieu, quelle joie ! Ce diable
me cogneut incontinent et asseura Charon de
ma preudhommie. C'estoit à la verité un honneste diable, gracieux et nourry toute sa vie en
Cour, et qui pour cela despechoit la pluspart des
affaires qui se traitoient entre la diablerie et
nous; aussy est-il lieutenant du general des
Postes depuis Paris jusques en Enfer, et en a
lettre et commission bien ample de M. de la Varanne [1]. Je luy contay mon advanture; il la crut
et me demanda courtoisement si je voulois retourner avec luy ou bien passer oultre, et qu'il
me donneroit un mot d'escrit à ses confreres, qui
me garantiroient de tout danger; que le lendemain il reviendroit pour quelques affaires et me
remeneroit avec luy jusques au Louvre ou à la

1. C'estoit alors le contrerolleur des Postes.

Chambre Dorée, ses deux principaux domiciles.
J'eusse bien voulu qu'il eust repassé l'eau avec
moy, mais il s'en excusa sur un pacquet qu'il devoit delivrer ce jour-là mesme à Paris. « Et quelle
nouvelle en vostre pacquet ? — C'est, dit-il, que
Rhadamante a fait emprisonner le mareschal de
Biron, qui faisoit de l'enragé partout, jurant qu'il
estrangleroit le pauvre M. le chancelier s'il le
pouvoit jamais tenir icy, et menaçoit son con-
fesseur de le chastrer par la langue, qu'aussy
bien estoit-elle trop longue de quatre poulces.
Ceste insolence et superbe si grande (car mesme
il se vantoit d'estre le plus grand capitaine de
France) l'a faict serrer en une prison nommée
St-Paul[1]; et maintenant Rhadamante escript au
chancelier qu'il peut mourir quand il luy plaira,
et que son successeur luy scellera librement son
passeport par les prieres de son bon gendre. »
Après ces devis, cest honneste diable escrit deux
mots à la haste pour me servir de passeport et
me recommande derechef à Charon; puis, prenant congé de moy, estoit prest de donner des
esperons à son cheval, mais je lui saisis la bride
pour sçavoir quelle marchandise il portoit en
une grosse malle qui sembloit surcharger la
croupe de son coursier. « Ce sont, me dit-il,

1. Il fut enterré en l'eglise Saint-Paul.

des estoffes pour des calçons aux dames de Paris. » Je me recommande, c'est trop tardé : aussy tost party, ausy tost perdu de veüe ; jamais oyseau plus vitte que ce diable et son laquais, qui devançoit mesme le cheval de son maistre et sembloit bien estre un Irlandois, tant il estoit dispos à la course. Je demandai à Charon de quel pays estoit le cheval : « Monsieur, dit-il, ce gentilhomme ne chevauche jamais que guilledins d'Angleterre quand il en peut recouvrer, tant pour la longue halaine et aisée nourriture de ces bestes que pour estre curieux d'avoir quelque chose de rare ; car nous en voyons fort peu en ces quartiers, et, si le comte de Worcester fait pendre les officiers qui pour un angelot laissent sortir les chevaux du pays sans passeport, nos gens seront contraincts d'user des chevaux d'Espaigne. — Contraincts ? dis-je, et voudroient-ils meilleure monture ? — Ah ! Monsieur, dit Charon, vous monstrez bien que vous n'avez jamais esté en ce pays, autrement vous sçauriez bien qu'il n'y a si chetif vivandier en Enfer qui n'estime les chevaux d'Espaigne trop honorez quand il les monte ; nous en avons tant que jamais nuée d'estourneaux ne couvrit mieux une haye, ou des mouches une ecorce de pomme, que ces chevaux font nos prairies. Car les Espagnols ont deux portes destinées seulement pour eux et ouvragées ainsi que les artisans appellent à la mosaïque, par où ils entrent icy bas en telle foule qu'on a esté contraint de proclamer plusieurs fois qu'on ne les recevroit plus s'ils ne venoient avec plus d'ordre, y ayant danger qu'ils n'estoufassent tout nostre feu, se jettans dedans pesle-mesle et à l'estourdie ; et, qui pis est, ils y viennent tous à cheval ou à mule : les uns disent que c'est de gloire, les autres pour se haster et prendre la meilleure place. Je ne sçay à quoi songe le marquis de St-Germain. S'il permet que toutes les bestes sortent d'Espaigne, je vous respons que leurs villes demeureront aussy solitaires que sont leurs champs. Mais hastez-vous, si vous voulez que je vous passe, car voicy grand nombre d'âmes que je doibs incontinant querir. »

Je me jette promptement en la barque, et s'en fallut peu que je donnasse du nez en l'eau, parce que M. de la Riviere, qui avoit eu loisir de me joindre, tiroit mon manteau à toute force afin d'entrer au bateau par mon credit. Charon l'apperceut et luy donna bien verd sur les doigts, l'advertissant de sa folie de vouloir passer à l'autre rive. « Car, dit-il, tu y trouverois, comme tous les medecins, tant de gens que tu as fait mourir, que tu ne durerois non plus entre leurs mains qu'un Adonis parmy la furie de ses amoureux. — A tout le moins, me dit le pauvre La

Rivière, saluëz de ma part, je vous supplie,
M. Rabelais, premier medecin de Proserpine :
nous sommes fort bons amis ; et m'asseure qu'il
m'envoyera quelque mot de consolation spiri-
tuelle, s'il est adverty de mon desastre. — Ouy
da, dis-je, c'est le moindre office que je vous
voudrois rendre. » Le nautonnier cependant s'es-
chauffoit à chasser et injurier tout le monde ; il
les appelloit « charongnes, sotz, badins », avec
une parolle et contenance qui retiroit merveilleusement sur ce conseiller pour qui je l'avois
pris à la premiere veüe. Enfin il esloigne son
batteau de terre et rame si dextrement qu'il me
passe comme un rien, puis, reprenant sa route
devers les âmes, me laisse là tout seul, sans
cognoissance à mon premier abord en ce pays
estrange, une riviere à mon dos, en front des
regions incogneües, merveilleuses, espouvan-
tables mesmes à ceux qui font peur aux petits
enfans. Je me repentois bien fort de mon outre-
cuidance trop curieuse, et que je ne m'estois
plustost laissé emmaller dans quelcun des calçons des dames de Paris, veu que ce courtois
diable, pour l'amour de la cognoissance, m'avoit
offert de me rendre devant le soir à mon logis,
et pense que j'estois aussy camus que fut M. de
Guise quand il sceut que le Roy avoit esté recognoistre la place de son sepulchre à St-Denis.

Touteffois, j'appris depuis que la cognoissance de l'Enfer, que la contemplation (et beaucoup plus la veüe) des jugemens, des peines et de mille varietez qui s'y retrouvent, sont choses infiniment utiles, et ressemblent du tout au Palais de Paris, où il fait fort beau quand il n'y a point de cause qui vous touche.

Il faisoit assez pasle en ce pays-là, car le soleil y est tousjours comme ecclipsé, de sorte qu'à peine j'apperceus, à deux cents pas de moy, deux jeunes hommes qui se battoient fort oppiniastrement avec espées de l'autre monde, qui sont plus longues que les nostres, mais d'une trampe toute autre, n'estant employées qu'à fendre le vent. J'accours en ce lieu et y parvins à grosse haleine, pour separer ceste folle jeunesse que je jugeay bien du premier coup estre françoise, seulement par ceste animosité tant badine et pour le plus souvent affectée. Et de faict, je cogneus à l'approcher que c'estoit le jeune comte de Laval qui se battoit contre le fils de M. du Plessis. Je redouble incontinant ma course, tant pour leur baiser les mains que pour les separer, me doubtant assez que leur querelle estoit causée par la diversité de religion, et m'estois bien advis qu'ils avoient assez faict de mourir chacun une fois pour son party. « Qu'est-ce, dis-je, Messieurs? ne vous lasserez-vous jamais d'espandre le sang françois?

Ne voyez-vous pas le dommage que porte ceste
damnée coustume qui flestrit tant de belles es-
perances et ne donne pas loisir à nostre jeune
noblesse de laisser mûrir les fruictz qu'elle doibt
à Dieu et à son roy? » Je les vis un peu esbran-
lez tant de ma venüe que de ma parole; ils me
cognoissoient grand homme de bien, et n'espe-
roient rien moins de moy qu'une bien aspre re-
primande. Me servant donc sagement de leur
crainte, je taschay, devant que les embrasser, de
leur faire apprehender les jugemens de Dieu,
avec une bonne resolution de vivre en gens de
bien après leur mort. « C'est à vous, Messieurs,
dis-je, de faire la leçon aux autres, ayant hanté
depuis nagueres en ces lieux tant de braves capitaines qui ont tenu leur honneur aussy cher pour
le moins que vostre noblesse françoise. N'avez-
vous pas veu icy un Marius, un Scylla, un Cæsar,
un Pompée, un Philippes, un Agesilaüs, un Da-
rius, un Alexandre? Se sont-ils battus en duel pour
faire preuve de leur vaillance? Qui a jamais re-
proché à Auguste d'avoir refusé le cartel d'Anthoine, luy mandant que s'il estoit saoul de vivre,
il allast cercher d'autre bourreau pour le faire
mourir? D'où vient ceste coustume, pensez-vous,
sinon des nations barbares qui n'avoient pour
loy fondamentale que la rapine et violence, lesquelles venant du Septentrion et ayant comme

par soudains orages brouillé le serein de nos
ayeulx, ont empieté les Gaules et faict distiller à la
longue quelques mauvaises humeurs sur les plus
propres à recevoir l'impression du cautere, dont
la principale marque est le duel, qui imite au
plus près la façon de faire des bestes les plus fa-
rouches. Ces demons homicides, qui n'estan-
chent jamais leur soif que par un continuel es-
panchement de sang, sont les legislateurs de ce
bel edict du point d'honneur; car, ayant veu la
coustume ancienne descriée de se deffaire soy-
mesme pour sortir des afflictions, et, comme dit
le poëte, de se tuer soy-mesme de peur de mourir,
ils ont finement substitué à la furie des anciens
ceste rage moderne du duel pour ne rien perdre
de leur curée. Et quelle manie plus digne d'estre
enferrée que de faire juge de vos differents ou
un soleil qui vous esblouïra la veüe, ou une
pierre qui se rencontrera à vostre desmarche, ou
deux poulces que l'espée de vostre ennemi aura
davantage par dessus la vostre, ou la disposition
en laquelle vous vous trouverez ce jour-là, et
mille autres hazards auxquels un homme sage ne
fieroit pas un sol? Et vous y osez coucher de
vostre vie! Encores seriez-vous supportables si
toujours le plus juste ou le plus vaillant l'emportoit, et que quelque raison voulust conduire
une si enragée folie : demandez-en des nouvelles

au pauvre Nantouillet. Je m'asseure qu'il voudroit torcher les bottes du comte de Saulx trois
fois le mois, et n'avoir jamais eu en teste une si
funeste et abominable manie. » La parolle me
croissoit en la bouche sur un si abondant sujet ;
mais j'apperçus que ces messieurs estoient en
eau, et y avoit danger de pleuresie s'ils ne chan-
geoient de chemise, cela me fist couper plus
court. Je m'approche, je les embrasse, puis leur
demande des nouvelles où ils estoient logés :
« Pour moi, je loge au college des Jesuittes, me
dit le comte, monstrant du menton une maison
assez proche. — Et moy, dit monsieur de Baummes, à l'enseigne de l'Escu de Geneve, joignant
le quartier de monsieur de Beze. » Nous prismes
tous trois la route du college des Jesuittes, car
c'estoit aussy le chemin de monsieur de Baummes.
Et cependant monsieur de Laval me disoit qu'à
la verité il recognoissoit l'enormité du duel, mais
que ceux qui le permettoient en debvoient porter
le blasme, et non ceulx qui, par un debvoir quasi
necessaire, l'entreprenoient. « C'est folie, dist il,
de publier tant de loix ; une seule bonne parolle
du legislateur porteroit un coup plus asseuré
que tant de vains et inutiles edicts. Si on voyoit
ceulx qui se precipitent au combat rebutez du
maistre, estimez sots et non vaillants, infames
et non genereux, il n'y auroit point de presse à

rüiner sa fortune, et vous asseure que cela feroit plaisir à beaucoup qui vont sur le pré frois, tremblants et à contre-cœur, qu'ils ne s'y trouvent que par bienseance. Mais, hélas! que fera nostre noblesse, tant jalouse de sa reputation, puisque la chambre, le cabinet, le secret, le public, laisse tousjours eschapper quelque parolle qui descouvre qu'on mesure le courage à ne point endurer d'affront, et la valeur à prendre la vengeance de soy mesme? — Laissons cela, dis-je, Monsieur, et me dittes comment vous vous trouvez ici. — Voire, mais contez-moi plustost des nouvelles de madame la mareschalle ma mere, et avec quelle patience elle a supporté ma perte[1]? — Monsieur, luy dis-je, elle a fait le debvoir d'une bonne mere, et croy que parmy ses larmes son affection l'a conduite à dire quelque *Requiescat in pace* entre ses dents, de peur que messieurs de Vitré ne l'entendissent; aussy la consolation que Nerveze a faict imprimer luy a fort servy. Il est bien vray que tout le monde dit que cet escrit-là ne vaut rien, mais Nerveze luy mesme m'a asseuré que c'estoit une piece extremement bien faicte. Et vous, dis-je, monsieur de Baummes, avez-vous ouy nouvelles de monsieur vostre

---

1. Madame de Laval espousa en seconde nopce M. le mareschal de Fervaques.

pere depuis vostre partement? — Ouy, dit-il, Dieu mercy, j'en entends tous les jours par quelques marchands de la religion qui ont trafic icy; entre autres un ministre m'apporta dernierement ce livret, qu'il intitule ses *Larmes*[1]. — Et que vous en semble? — Certes, dit-il, il me loüe trop, j'en suis tout honteux. — Aussy sont, dis-je, tous ceux qui le lisent; mais patience, on luy donneroit congé de tout dire, ne fut-ce qu'un procès qu'il auroit perdu. »

Nous estions arrivez devant la porte des jesuittes. Le père Claude Matthieu est le capitaine, car on use de ce terme en Enfer, et non pas du recteur ou provincial; et de faict, dès que les jesuittes meurent, on leur donne bonne espée, cuirasse, brassards, et oultre cela un grand tabourin au côté. Bref, ils sont ordinairement fort chargez quand ils vont en ce pays-là, où néantmoings ils ne sont pas mal aymez, car ils preschent fort à la fantaisie du roy soubs qui ils retournent, et puis sont si empeschez à leurs consciences qu'ils n'ont pas loisir de troubler celles d'autruy. Nous priasmes M. de Baummes de se venir rafraischir là dedans; mais il protesta de se mettre plustot entre les mains du cardinal Evreux, et fût-ce à Fontainebleau, que

---

1. Ce livret n'estoit guères beau.

d'entrer en lieu où les jesuittes eussent du credit[1]. Nous ne voulusmes pas forcer sa conscience, et prenant congé de luy vinsmes jusques en la salle de théologie, car il y falloit passer pour aller en la chambre que M. de Laval a en ce monde là, où nous trouvasmes une assemblée de messieurs et un grand peuple, tous bien empeschez à gaigner de petits bancs pour veoir et entendre des harangueurs. Je pensois que ce fust quelque maistre aux arts qui disputast, ou bien qui proposast quelque tableau dissimulé qu'on appelle enigme, dont les jesuittes sont prestres passez. Mais M. de Laval ayant gaigné une place assez relevée me tire à luy, et se baissant à mon oreille me dit que c'étoit quelque chose d'importance, et que c'estoit un des advocats generaux d'Enfer qui parloit, monstrant bien à sa mine qu'il traitoit de quelque matiere d'estat. Je me tins pour savoir quel langage parloit cest advocat; et de bonne fortune c'estoit M. Marion, qui rendit dernierement à sa mort son fils huguenot, à qui il ne permit pas seulement qu'il luy dist un *Ave Maria* pour son ame. Je fus bien esbauby de cette advanture, et demanday si l'advocat d'Enfer estoit mort pour

---

1. Gausserie sur ce qui se passa en la conference tenue à Fontainebleau entre MM. du Perron et Plessis-Mornay.

avoir laissé sa place à M. Marion, tout nouvel
habitant en ce pays-là. « Non, me dit M. de
Laval; mais on fait icy tout de mesme qu'en
France, où les estats se multiplient et la vertu
s'accourcist, et où les maistres des requestes, jus-
ticiers, financiers, sont accruz en tel nombre,
que, mesmes s'ils attaquoient Montfaucon, ils en
pourroient venir au dessus. C'est tout de mesme
icy : qui a de l'argent fait mettre en forme les
offices, comme une paire de souliers, pour y
trouver place; mais bien vous diray-je que les
François obtiennent par deça plus aisement toutes les dignités qu'autre peuple qui soit, car on
dit qu'ils ont ordinairement bonne mine, et sont
plus accostables que les Espagnols, moins dangereux que les Italiens, et si les peut-on solici-
ter l'après-disnée, ce qui ne se peut pas faire
des Allemans. Mais escoutons, je vous prie, ce
que dit M. Marion. » Nous escoutons : le sommaire de sa harangue estoit que Pluton, s'estant
toujours fort contenté des bons services des jesuittes, avoit néantmoins été contraint de se
fascher contre un de la Societé, nommé pere
Cotton, qui avoit forcé une fille et le diable qui
estoit dedans à luy conter beaucoup de nouvelles qui scandalisoient fort l'Eglise. Cela le forceoit
de faire ses plaintes contre ledict Cotton, et
prier la Societé d'escrire au general, à Rome,

pour le punir, puisque luy seul avoit authorité legitime sur ceux qui s'aveuglent en son obeïssance, et que les princes ne pouvoient mordre sur gens armez des lettres de denaturalisation. Quant à son diable qui n'avoit pas eu le courage de resister au pere Cotton, qu'il l'avoit incontinent fait poursuivre à toute diligence, et toutefois ne l'avoit peū attraper jusqu'alors, car il s'estoit sauvé entre les soldats de Boscay, qui avoit pris les armes contre messieurs les jesuittes; mais qu'ayant esté pris cependant qu'on traitoit la paix, il l'avoit fait saisir, garoter, et, le procès fait, condamner à cinquante mil escuz d'amande pour faire rebastir la pyramide du palais et une autre joignant l'eschelle du temple, le reste employable à payer les debtes de M. de Beaumont pour la ferveur que monsieur le president, son pere, a tousjours porté à toute la compagnie [1]. Oustre plus debvoit ledict diable endurer trois fois la sepmaine vingt coups de discipline de Monsieur l'archevesque de Sens durant quatre mois, à compter du premier jour de l'execution, pendant lequel temps ledit delinquant demeureroit enferré à un poteau devant la porte de ce college-là, bien choisy pour cette justice à fin que tout le monde sçeust que tous

1. C'estoit le fils de feu M. le President de Harlay.

les jesuittes n'approuvent pas le pere Cotton,
non plus que tous les catholiques n'approuvent
pas la Societé. A ceste harangue fut respondu
par le cappitaine pere Claude Matthieu en peu
de mots, mais fort significatifs, que, depuis
qu'il avoit esté apporté de Notre-Dame-de-
Lorette en Enfer, il avoit bien appris quelle im-
pieté c'estoit de faire des ligues contre les
princes, et pourtant n'avoit non plus tasché à
troubler l'estat d'Enfer que si le duc de Lorraine ou le baillif des Vosges en estoit roy, et
qu'on ne devoit pas penser qu'il deust favoriser
ce diable contre la volonté de Pluton; qu'il es-
criroit au pere Cotton la mauvaise ediffication
qu'il donnoit au monde, et quant au diable con-
demné à prison, que non seulement la compagnie seroit bien aise qu'il soit puni devant leur
porte, mais mesmes prieroit qu'on le mist en
prison chez eux, n'estoit qu'il ne seroit pas honnête qu'il logeast en maison de religion, venant
de sortir publicquement du corps d'une femme.

A l'instant on advertit l'assistance qu'on amenoit le patient. Cela fit abbreger l'affaire. Nous
sortons à la foule pour veoir ce pauvre diable
qu'on amenoit pieds et poings liez avec force
bulles. Le bourreau d'Enfer conduisoit la charrette, homme de mauvaise mine, mais très expert en son mestier, car c'estoit frere Jacques

Clement[1], qui avoit autrefoys tué plus de cinq
cents mil personnes tout d'un coup. Je cogneu
l'homme pour l'avoir veu souper chez Monsieur
de la Guesle, la veille qu'il fit son chef d'œuvre,
et commençai à m'estonner derechef de ce que
tous les officiers d'Enfer estoient François. Monsieur de Laval s'apperçeust de mon estonnement,
et m'asseura que de chasque mestier il y avoit
un ou deux François des plus experts en Enfer,
horsmis entre les bouchers : encore en attendoit-
on tous les jours un qui estoit pour le present à
Tournay, à qui mesmes on avoit fait grand tort
de ne pas l'envoyer en Enfer y avoit ja plus de
douze ans[2]. Comme il parloit à moy, je regarde
de plus près son habillement, et, voyant qu'il estoit faict à l'italienne, je luy dis en riant que je
pensois aussy qu'il n'y avoit point de bon tailleur françois en ce pays-là. «Vous dites vray, me
dist-il, mais on nous donne grande esperance
qu'à la premiere pluye Montauban montera ici[3].»
Je pensois qu'il se fust mespris, qui me fait luy
repliquer : « Il y montera ? Avez-vous jamais leû,
Monsieur, qu'on montast de Judée en Egypte ?

1. Meurtrier du roy Henry III.
2. Boucher, curé de Saint-Benoist apres la reduction de
Paris à l'obeïssance du Roy, se retira en Flandres et fut
fait chanoine en l'eglise de Tournay.
3. Moisset, le partisant qui avoit été tailleur d'habits.

Par ma foy, j'ay trouvé la descente bien rude, et
si je la puis une fois remonter, ce sera bien à
mon regret si j'y retourne.—Si est-ce que Montauban y montera, dit Monsieur de Laval, si
beaucoup de propheties ne sont fausses qui as-
seurent qu'il n'ira pas le chemin des autres, mais
toujours à reculons.» Je me contentay, me doubtant bien qu'il y avoit quelque mystere, et me
mis à regarder frere Jacques Clement, qui des-
cendoit le pauvre diable de la charrette et le
lioit plus estroict au poteau qu'on ne fait un cheval fougueux pour l'estriller. Mais quand ce vint
à chercher la discipline de Monsieur de Sens [1],
jamais ne fut telle risée; car les officiers despe-
chez pour l'aller querir apporterent une queue
de renard avec laquelle le bas corps d'homme a
accoustumé d'oster la poudre qui s'amasse sur
son breviaire. Monsieur de Laval n'eut pas la
patience d'attendre la farce, car il se refroidis-
soit trop; il se demesle de la presse et se retire en son quartier. Je le suivis, n'ayant que luy
de garant en cette troupe et mon petit passeport, qui me vint bien à propos le lendemain, à
ne point mentir. Je fus fort aise de pouvoir de-
viser familierement avec ce jeune seigneur, car
il n'y avoit que deux valets en sa chambre (aussy

1. Regnaut de Beaune.

n'est-il permis à nul seigneur ny prince de tenir
plus grand train en l'autre monde), dont l'un etoit
habillé de blanc et l'autre de noir. Je luy demanday
si je pouvois librement parler devant eux; il me
dit qu'ouy, et qu'il n'avoit jamais faict en sa vie
chose si secrette dont ils n'eussent eu connoissance. « Or çà, Monsieur, luy dis-je, parlons franchement et en amys; par votre foy, n'estes-vous pas
bien fasché d'estre mort? — Ma foy, dit-il, ouy,
pour deux ou trois petites choses. — Comme
quoy? dis-je. — Il faut que je vous confesse le vray,
dit-il. Cela m'eût fait grand bien de braver un
peu mon antagoniste Monsieur de Rohan; et de
fait j'entrois en chemin de contrequarrer tous
les escuz de son beau-pere[1], car, m'etant fait
catholique, il est impossible de croire combien
je me fortifiois tant du corps que de l'esprit.
Vous savez que Rohan-Laval, Laval-Rohan, n'ont
pas plus d'advantage l'un sur l'autre que deux
moitiés d'une gregue, devant que d'être cousues
ensemble. Nos maisons sont les deux pôles sur
lesquels tourne toute la Bretagne. La noblesse
du pays ne vise qu'à se fortifier de la faveur de
l'une ou de l'autre, et par consequent elle fortifie
le parti duquel elle s'advoüe. C'est au chef de ces
deux maisons de se gagner les cœurs, de secou-

1. Le duc de Sully.

rir les gentilshommes et imiter la diligence
d'Octavian et d'un Anthoine à pratiquer les
vieilles bandes de César. J'estois à l'entrée de
ma jeunesse et de mon ambition ; je voyois mon
competiteur plus advancé en aage et en faveur,
porté du parentage de Navarre et de l'alliance
d'Alemaigne, et de cas fortuit de même religion
que moy. Cependant le party des catholiques
l'emportoit en Bretagne, et, destitué de chef,
n'attendoit que le changement d'un de nous
deux pour se jetter entre ses bras. Ma mere, demeurant huguenote, en pouvoit retenir beaucoup à sa devotion ; moy me tournant, je tour-
nois tous les catholiques à ma cordelle : ay-je donc
eu tort, à votre avis, si à un corps maigre et def-
fait, ayant deux testes, j'en ay osté une pour l'as-
seoir sur un corps fort et robuste qui manquoit ?
— Voire mais, Monsieur, dis-je, étoit-ce là le but
de votre dessein ? — Hélas ! rien moins, dit-il ; j'ay
pris la verité pour lanterne, et le salut pour mon
phare, et si quelque esperance terrienne a advancé mon changement, ce n'a esté que secondairement. C'est le pere Cotton qui m'a appris
ce terme de theologie. Mais, je vous prie, quelle
opinion a-t-on maintenant des huguenots en
France ? » Je lui dis que tout alloit assez bien pour
eux, et qu'il y en avoit tant que, quand Colas
auroit dix mille vaches, il n'y en auroit pas as-

sez pour en bailler à chacun une piece; qu'ils s'estoient très sagement comportés au differend de M. de Bouillon, en ne demandant que la continuation d'une bonne et fidele paix. « Et que pensent-ils du roi, dit-il? — Ce que font bons subjects de leur maistre, dis-je; c'est que, ne pouvant être en personne chez eux, il y a commis M. de Rosny pour lieutenant. Dieu gard longtemps le maistre et le vallet, car nous en avons bien besoin, de l'un pour tenir les grands en bride, et de l'autre pour empêcher que les gens de village ne deviennent trop orgueilleux... — Qu'est-ce du bruit qu'on fit courir icy que Monsieur de Rosny n'estoit pas fort grand ennemi du Pape? — Un bruit de ville, dis-je, car, sans doubte, il sera très ferme huguenot aussy longtemps qu'il plaira au roy; il ne se soucie de faire aucuns amis. Il ne veut avoir que le roy pour luy, et dit que le paradis est aussy près du Louvre, de Rosny ou de Sully, que du Vatican ou du chasteau Saint-Ange: aussy peut-il bien dire ce que disoit Monsieur d'Epernon à son feu maistre, qu'il ne survivra gueres à son roy, ou, pour le moins, que ses beaux jours seront passez, principalement si la tutelle tombe entre les mains de Monsieur le comte de Soissons.

« Il est bien vray qu'ayant receu lettre du pape, et comptant cela entre les plus grands honneurs,

il luy a faict reponse et mis sur le dos de la lettre:
A sa Sainteté; voilà ce dont aucuns babillards
l'ont voulu calomnier, ne songeant pas que c'est
un style maintenant tout commun, et qui ne
pouvoit estre omis sans aigrir un peu les choses,
Et certes, tel huguenot s'en est scandalisé, qui
a dit plus de mille fois en sa vie, au rencontre de
quelque carme ou cordelier : *Bonjour, frater.*
— Je vous diray, me dit M. de Laval : il fermoit
la bouche à tous ses medisants, changeant seulement un mot, et au lieu d'écrire : *au St Pere,*
mettre : *au bien heureux Pere,* ou : *à sa beati-
tude.* Mais quoy, est-il fort bien reconcilié avec
M. de Bouillon ? — Monsieur, ils sont corps et
âmes à la devotion du roy, et il ne faut pas doubter
que, si il leur commande, ils ne deussent manger
en mesme escuelle. Mais vous, Monsieur, qui
estes ici logé parmi les jesuittes et en un pays où
la verité est si fort decouverte, apprenez-moi un
peu quel bonheur, quel astre pur et sanctifié a
si bien établi la Societé aux bonnes graces du
roy? — Vous me demandez belles nouvelles !
Ebahissez-vous plustost de ce qu'elle en a esté
estrangée un si long temps, veu la sagesse et pre-
voyance d'un si grand roy. Il savoit combien ces
gens là luy avoient fait du mal, et par là voyoit
combien ils luy pouvoient faire du bien. Il les
connoissoit pour gens d'esprit, fort complaisans

à celuy qui a le dessus, et surtout maistres à
gouverner une populace : ne valoit-il donc pas
mieux qu'il les obligeast par bienfaits, que de laisser de si dangereux ennemis à son fils, veu que
le moindre changement leur promettoit quasy
un asseuré retour en depit de tous ceux qui s'y
opposeroient? Il connoissoit le service qu'ils
rendent à l'Espagnol, et qu'il en pouvoit recevoir
autant s'il les obligeoit de mesme. Je ne fus jamais
homme d'Etat (combien que j'avois assez d'argent
pour en acheter); mais si ne me pensé-je pas
tromper de dire qu'un million n'eust seu batir à
Paris deux citadelles plus asseurées pour le service de Monsieur le Dauphin, que leur college de
Clermont en un bout de la ville, et leur St-Louys
en l'autre. Ces deux places, s'accordant avec le
Louvre, *sub bene placito pontificis*, font un
triangle plus merveilleux qu'aucun art ou de-
monstration de mathematiques sauroit faire.
Eux, pour monstrer avec quelle obeïssance et
douceur ils vouloient servir le roy, lui donnerent
incontinent leur Cotton, qui se plie et se manie
plus souplement que s'il etoit né en Cypre.
L'humeur de l'homme plut fort au roy, et celle
du roy au pere Cotton, qui asseura incontinant
en chaire que c'estoit chose plus meritoire de
payer les impots et gabelles que de soulager la
pauvreté des mendiants. Bref, il s'est si bien

maintenu jusqu'ici, qu'il ne va plus à la portion, sinon quand il veut faire diette.

« Il ne reste plus que d'avoir cinquante mille livres de revenu à la Flesche, et l'ouverture de leurs escholes en la rue St Jacques. D'envoyer tant d'argent de la Bastille à la Flesche, le charroy cousteroit trop, et de le prendre des rentes de l'Eglise, ceux qui les tiennent maintenant ne veulent pas encore mourir; toutesfois on leur pourroit bien oster durant leur vie *ad majorem gloriam Dei*. Pour leur college de Paris, je ne sçay ce qui en sera : les regents de l'Université n'en seroient pas fort contents; mais il me semble, sauf l'honneur de leurs chaperons, que ce sont de fort grandes bestes. Ceste nouvelleté tireroit un monde d'escoliers en leur ville, qui s'espend maintenant à Rouen, Bourges, la Flesche et autres lieux du ressort des jesuittes. Le college de Clermont n'en tiendroit pas la moitié, et seroit cause de fournir les autres; oultre ce (mais je vous prie, dit-il, tenir secret ce que je dirai à cette heure), après une bien petite flamme, on verroit bien de la fumée chez les jesuittes; ils n'ont pas tant de gens doctes qu'on pense, et principalement en lettres humaines. Au commencement leur reputation enseigneroit pour eux et quelque tragedie desjà representée plus de quinze fois en Lorraine ou en Savoye. Ils feroient

courir un bruit par le moyen de leur sequelle,
que leurs regents sont les plus grands espritz de
la Compagnie, c'est à dire du monde. Toutes les
thèses s'adresseroient à grands seigneurs, et m'asseure que M. de Sully en auroit sa part. Ils con-
vieroient force conseillers à tous leurs actes,
mespriseroient tout ce qui se feroit aux autres
colleges, trouveroient quatrevingt ou cent escuz
pour donner des prix à la St-Luc; loueroient
leurs disciples à pleine bouche, et autres petites
bagatelles; mais le jour esclairciroit bien tost
tous ces brouillards. Je m'asseure qu'on demande
au docteur Marius Ambosius [1] s'il n'est pas suf-
fisant luy seul pour leur faire teste, voire quand
bien M. Casaubon se mettroit de leur costé. Il
n'y a qu'à craindre qu'ils obtiennent excommunication à Rome contre tous ceux qui seront
plus doctes qu'eux.»

Comme il achevoit son propos, survint le capitaine Claude Mathieu, qui nous fit changer
de discours. Il me demanda qui j'estois et
quelle affaire me menoit en leur collége. Monsieur de Laval print la parolle et dit qu'il me
cognoissoit pour gentilhomme d'honneur et
qu'il respondroit pour tous mes desportements;
mais le bonhomme ayant entendu mon nom et

---

1. C'estoit alors le doyen des professeurs royaux.

me recognoissant à peu près au visage, m'embrassa très charitablement et me dit, la larme à l'œil, qu'il avoit cogneu fort familierement mon pere, et n'avoit pas tenu à luy de le tirer à la Ligue. « Et certes, dit-il, je n'avois si grand secret dont je ne luy fisse part; mesme quand je dis à feu monsieur de Guise qu'il avoit trop belle teste pour mourir sans couronne, je ne me peus tenir de le luy dire, et beaucoup de choses semblables, par lesquelles il a peu recognoistre le naturel de nostre société. A la mienne volonté que je le tinse maintenant icy, je tascherois de luy faire la meilleure chere que nos moyens me permettroient. » Je le remerciay bien fort, disant que j'aymois mieux mon pere où il estoit que non pas là. Il me demanda si je n'avois jamais esté en Lorraine. Je lui dis que si. « Et y avez-vous vu le bon pere Commelet? — Ce fut, dis-je, le premier homme que j'allai veoir, mais on me dit qu'il estoit empesché à supputer les rentes de l'evesque de Nancy et les prebandes de ses chanoines. De là je l'allay attendre à la court, où il arriva bien tost après pour conjurer les gouttes de monsieur le Cardinal de Lorraine [1], auquel il promettoit gueri-

1. Frère du dernier duc de Lorraine, Henry, fils de Claude de France.

son entiere, oultre paradis, s'il faisoit bastir
vostre eglise de Nancy aussy belle que celle
d'où vous avez chassé saint Anthoine au Pont-
à-Mousson. Il remonstroit à monsieur le Cardinal que le desseing qu'on prenoit n'estoit un
desseing d'abbé, et que la Compagnie meritoit
bien de prier Dieu à la grandeur, et en lieu où
l'on puisse veoir le nom et les armes de Lorraine. — Certes, certes, dit le capitaine Matthieu, c'est un grand et gros homme de bien
que le pere Commelet, et digne d'estre bien
voulu de tous ceux qui ont le cœur parfaicte-
ment françois, comme un des principaux instru-
ments qui a mis la couronne sur la teste de
Messieurs de Bourbon; car, sans luy et deux ou
trois aultres, je croy que Henry de Valois seroit
encores aujourd'huy plein de vie dans le Louvre.
Mais combien y a-t-il que vous le vistes ? —
Mon capitaine, dis-je, ce fut au voyage du Roy
à Metz, il y a quatre ans. — Bon Dieu, dist-il,
ce fut au mesme temps que nous receûmes la
nouvelle que notre grande ennemie la Royne
Elisabeth d'Angleterre avoit quitté tous ses
droits au Roy d'Escosse; nous ne le pouvions
croire, et pour moy, je repetai plusieurs fois ces
mots royaux : est-il possible ? Car, à ne mentir
point, je n'estimois la messe bannie d'Angleterre
que pour la vie de ceste femme, et neantmoins

je l'en vois, à mon advis, plus reculée que jamais;
car ce roy icy est trop sage pour estre amusé
par des petits contes, comme quand on luy a
voulu prouver que la messe se chantoit longtemps devant la passion de nostre Seigneur, et
trop sçavant pour estre convaincu par ergotage.
Nous serons contraints d'attendre la main de
Dieu, qui tournera, s'il lui plaist, son cœur, et
luy monstrera que la sagesse de la terre n'est
que folie au Ciel. — Ouy vraiement, dis-je, vous
y serez contraints, comme je pense; vous ne le
pourriez mener par force à la messe, et les
embusches si souvent descouvertes rompent le
cœur à ces enragez entrepreneurs contre les
Roys. — Ah! Monsieur, me dit-il, je voy bien
de quoy vous parlez, c'est de la derniere trahison descouverte l'an passé contre sa personne et
son Estat. Je vous proteste que je n'y estois pas,
et peux respondre pour mes confreres que pas
un ne s'en fust melé s'il eust creu que l'affaire
deust etre descouverte; ce sont quelques cer-
veaux legers qui ont logé cette enormité dans
leur fantaisie, de vouloir tuer toute l'Angleterre
en une maison, ce qui n'eust pas esté si etrange
du temps de la feu Royne: elle estoit excommu-
niée par le Pape, ses subjects delivrez de son
obeïssance, et une couronne de martyr à l'encan
à Rome à qui la voudroit tuer; mesme le prin-

5

cipal des nostres en ce pays là avoit en main
deux bulles, l'une adressée à la noblesse, l'autre
au reste du pays, pour declarer qu'ils pouvoient
choisir quelque bon Roy catholique après la
mort de cette masle-femme, sans avoir egard à
la proximité du sang, et un droit que les descendants de Henry septieme pourroient pretendre ; mais, ô malheur ! l'on entendit plus tost
crier : *Vive le Roy ! Que Dieu ait l'âme de la
Royne !* Cela contraignit le bon homme de bru-
ler ses patentes. Les zelateurs, neantmoings,
poursuivirent l'entreprise contre la maison des
Estats, commencée sous Elisabeth et dernierement descouverte à leur grand regret. — Ouy,
mais, mon capitaine, que vouloit faire le pere
Parson, qui, desjà party de Rome, prenoit la
routte d'Angleterre, quand nouvelles lui vindrent
que toute ceste belle mine estoit eventée ?» Ma
demande fit un peu songer le capitaine, qui,
comme homme fort lettré, eut son recours aux
histoires anciennes. « Et n'avez-vous jamais
leu, dit-il, que Caton n'approuvoit pas la pro-
scription faite contre Ptolemée, roy de Chypre,
et toutesfois, voyant que c'estoit un mal irre-
mediable, il print la charge de l'executer luy-
meme, pour manier le plus justement que faire
se pourroit ceste injustice ? De mesme, Parson
taschoit de se trouver en ceste isle-là un peu

après la deffaicte pour assoupir les troubles, chastier tant les protestans que les prestres se-culiers, et gaigner à ce coup-là le chappeau rouge et catholique. Mais avez-vous esté en Angleterre? — Ma foy, je n'y fus oncques, et ne me plains de la fortune que pour ne m'avoir donné la commodité de veoir ce grand roy, esti-mé par tout le miracle du temps présent et le miroir des siecles à venir. Mais, je vous prie, Monsieur, puis que je suis tout nouvellement porté en ce pays, enseignez-moy où je pourray trouver ces traistres qui l'ont voulu faire sauter au Ciel devant ses jours. J'ay grand' envie de les veoir. — Je ne vous conseille pas d'aller en leur quartier, dit le capitaine, car le chemin est fort mauvais et dangereux, pour des petites fosses soubz terre qu'on ne veoid pas bonnement tant qu'on est dedans; touteffois nous en parlerons après, maintenant faites-nous l'honneur de pren-dre part de nostre petite portion, j'ay entendu la cloche qui nous appelle à souper.» Je faisois quelque difficulté d'aller manger avec les morts; mais monsieur de Laval m'assura que les je-suittes se traictoient assez bien. Cela, avec une grande curiosité, et puis que je ne cognoissois point d'hostellerie en ce pays-là, me fit accor-der à leur requeste. Ils me menent en une grande salle toute tapissée de force *Requiescant* et *De profundis*, mais où il n'y avoit pas beaucoup de *Fidelium*. Les tables estoient mises à l'entour de la salle, et commencea-t-on le service un peu plus solennellement que de coustume, à mon advis, pour faire quelque chose en l'honneur de leur nouvel hoste. Ce que je trouvay le plus estrange fut que l'on servoit chacun des viandes qu'il aimoit plus durant sa vie. Il y en eut sept ou huict qui eurent pour leur plat des chappeaux de cardinal en peinture ; d'autres les bonnes graces des Princes, des grands desseings et changements d'Estats, tout cela par escrit. Aux uns on apporta la confession des dames, aux autres les nouvelles des mesnages particuliers, et combien de fois le mari avoit baisé sa femme le vendredy ou en caresme. A beaucoup on donnoit des promesses de jeunes hommes qui venoient de se rendre de la société incontinant qu'ilz avoient achevé leurs estudes, aux despens de leurs parens. Les plus simples avoient quelques épigrammes de leurs feus escholliers, et une couronne d'or-clinquant pour la teste de l'empereur d'Orient de la Réthorique. Il y avoit mille autres petites viandes de vent, qui ne servent qu'à nourrir les esprits. Pour moy, je craignois fort qu'on ne m'apportast mon souper de la mesme cuisine ; mais ils sont gens trop accorts pour mescontenter leurs

amys. On m'apporta un bon oison, qui venoit
de la table de monsieur le Cardinal de Sourdis,
et m'asseura-t-on qu'il y avoit grand' indulgence d'en manger pour la saincteté du bon seigneur et de madame sa mere.

Il y avoit une chaire au bout de la salle, levée
sur quatre pilliers, et un pulpitre dessus, où repo-
soient trois ou quatre gros livres servant pour la
lecture qui se faict durant le repas. Le capitaine
Mathieu commanda à un jeune homme de poursuivre la lecture du disner; c'estoit d'un livre tres
docte composé par Monsieur le Connestable. La
premiere partie traittoit de la chasteté de la
marquise de Noirmoutier, et l'autre estoit de la
vie et gestes de Monsieur de La Varenne, là où il
loüoit extremement sa fidelité, sa bonté, ses
services, sa saincteté et surtout ses lucubrations
nocturnes, le priant de veoir au reste la comtesse
de Chemillé, qui est fort souvent en son gouvernement d'Angers, et la solliciter de quitter au
diable tous les procès qu'elle intente contre luy;
qu'aussy bien il a assez d'autres dettes à payer,
et qu'elle mesme n'est pas fort grande cousine
avec le premier président; qu'un bon mariage
entre leurs enfans, faict en face de nostre mere
saincte Eglise, sera plus agreable à Dieu que
toutes ces riotes et disputes pour un peu de bien
de ce monde. C'estoit sur ce poinct qu'il s'esten-

doit le plus, qu'on debvoit preferer la charité à l'argent, que nous n'estions pas mis en ce monde pour y demeurer tousjours, et que la France avoit besoin de ce bon ephore Agesilaüs, qui voulut charitablement conserver ses terres à ses enfans; mais quant aux cedules et obligations, semences de toutes querelles, il ayda à les brusler toutes au marché de Sparthe, protestant n'avoir jamais veu si joly feu que cestuy-là, ny qui nettoyast mieux les corruptions de l'air. Apres cela, notre lecteur changea de livre et nous donna pour dessert la conversion du Sophy de Perse par un de la Societé, et autres nouvelles orientales.

Les tables levées, il estoit un peu trop tard pour se promener parmi l'Enfer, et m'avertit-on que les diables detroussoient bien souvent ceux qui estoient esgarez du grand chemin, mais que j'eusse patience jusques au lendemain, et que, leur meditation achevée à cinq heures un quart du matin, on me donneroit un de la Compagnie qui me guideroit partout, et me feroit un commentaire bien solide sur le sixiesme de l'Eneïde; que pour ceste nuict-là je pourrois coucher en la chambre de Monsieur de Laval. Cela me contenta assez, car aussy bien avois-je besoing de repos après une si longue corvée. Cest honneste seigneur me feit l'honneur de m'offrir la moictié

de son lict ; mais il estoit si dur et si estroict que
j'aymay mieux coucher dans mon manteau ; l'air
de ce pays-là n'est pas bien froid, qui me causa
une nuict assez gracieuse, selon ma mesaventure,
hormis que le monde ne passa pas moins qu'il
avoit fait tout le jour, ce qui interrompit deux
ou trois fois mon sommeil. Le lendemain, lors
que le jour commencea à poindre, j'esveille
Monsieur de Laval, qui dormoit bien fort, et le
prie de me faire vitement donner quelque guide
pour me mener par tout, à cause que j'avois grand
desir de retourner souper chez moy en la rüe
St Honoré. « Prenez, dit-il, quelque preservatif
devant que vous promener, car il y a icy des
lieux fort infects de puanteur, principallement
au quartier des hommes et femmes fardez, qui,
estans eschauffez, sentent tout de mesme comme
quatre ou cinq potages faits de quelques jours
auparavant, et meslez ensemble pour donner à
quelques pauvres Irlandois. On attend là Monsieur de Chanvalon, Monsieur de Vilbon et
quelques autres ; mais je pense enfin que on aug-
mentera tellement ceste senteur, que le farcin en
prendra à tous les chevaux qui passeront à dix
lieües à la ronde.» Je le creus, et pris de la conserve
de roses, et un peu de satyrion, pour mes reins,
car j'avois envie de faire une bonne traitte, et ne
me point espargner à courir tout l'Enfer. Ma guide

estant preste, qui estoit un jesuitte que j'avois cognu à Rome, nous sortons ensemble et passons le posteau où estoit lié le diable du pere Cotton.

Je priay ce bon jesuitte de me mener où l'on faisoit justice des sept pechez mortelz, sçachant bien que j'y trouverois beaucoup de mes parens et amis. Ce n'est pas mon dessein de nommer personne, de peur de scandale public; mais les premiers que je trouvay entre les bons yvrongnes et gens de bonne chere furent le feu Comte Charles de Mansfeld, le feu Comte de Salme, Monsieur de Bassompierre et Monsieur de Haussonville, qui contoit à Monsieur de Schomberg, sergent major de ceste troupe, comment il avoit eschappé la fureur de St Barthelemy, quand le bon sainct escorcha tant de gens pour venger sa peau, qu'il disoit qu'on luy avoit voulu oster. Il y avoit grand nombre de Suisses et d'Allemans, mais je ne m'arresteray qu'à gens de ma cognoissance. Le baron de Haussonville me cogneut, et me demanda incontinant nouvelles de son filz. « Monsieur, luy dis-je, c'est un galland gentilhomme, et si accomply que je croy que pas un de ses enfans ne lui ressemblera » Chacun me demanda quelque petite nouvelle. Je respondis le mieux qu'il me fut possible; mais surtout je prenois garde à la maniere de leur supplice, qui estoit tel : ils étoient tous à table, le bonnet de nuict en teste et un pot de chambre entre les jambes, la table couverte de jambons de Mayance, endoüilles, saucissons, cervelats, langues de bœuf, et autres viandes de caresme ; au milieu de ces viandes estoit feu monsieur le marquis de Pisani, tout debout sur la table, comme la pyramide à Rome, et estoit deffendu à toute la troupe de boire plus souvent que luy. Le bon seigneur me cogneut et me salua fort courtoisement, et alors tout le monde le pria de boire à mes bonnes grâces, ce qu'à peine il accorda, car il n'y avoit que sept mois qu'il n'avoit beu. Toutesfois la courtoisie luy fit forcer les reigles de sa diette, et beut, sans mentir, de beaucoup meilleure grace que la marquise sa vefve deffuncte ne faisoit. Chacun se mit à boire de mesme. Jamais tels cris de joye pour la venüe du Roy que pour la mienne, jamais telle consolation en Enfer.

Le marquis s'enquiert de la santé de sa fille, gendre [1], et de monsieur et madame de Rambouillet. Je luy en dis, à la bonne foy, ce que j'en sçavois. Il me tardoit bien que je partisse de là, car j'avois encor beaucoup de choses à veoir. Chacun me donne un petit message à faire ; entre autres, monsieur de Bassompierre me pria d'adviser monsieur de St-Luc que le jeu et la pierre

---

1. On le nommoit alors vidame du Mans.

philosophale, que tant de gens cherchent, sont de mesme substance; et son filz aisné[1], que ses tripes et celles des dames ne sont pas de mesme nature, et qu'il garde les siennes de coups de lances; pour sa fille plus jeune, que c'estoit une sotelette d'avoir refusé le comte de Fiasco pour n'estre assez desbauché; et que si jamais je voyois monsieur de Bourboné[2], je l'advertisse de boire devant sa mort tout son saoul, car il estoit en danger puis après de ne boire qu'à la discretion du marquis de Pisani. Je fis un petit memoire de tout cela, et pris congé de la compagnie pour me transporter au quartier des larrons; mais, comme je sortois, je trouvay un esprit qui amenoit un gros Suisse qui s'estoit crevé de boire le jour devant à une feste de village, et le menoit soubz le gouvernement de monsieur de Pisani. Ce diable, me voyant sortir, n'eust pas l'esprit de songer que je n'estois pas encores mort, et jugea incontinant que j'estois de la troupe des yvrongnes et que je faisois une scapade pour me sauver. Je fus tout estonné qu'il me mit la main sur le collet, et jura par Bacchus à tous les Allemans qu'il m'empesche-

1. M. de Bassompierre, son filz aisné, avoit esté blessé peu auparavant au ventre, d'un esclat de lance, courant en lice dans la court du Louvre.

2. C'estoit un seigneur Lorrain.

roit bien de faire ce tour. Si jamais homme fut
estonné, ce fut moy. Je me mis à crier que c'estoit moy, et que je me plaindrois de l'outrage
qu'il me faisoit. Je le voulois tirer à toute force
en jugement, mais j'estois trop faible, car il
me menoit aisement avec ce Suisse pour seoir
à table, et estois tout de mesme que monsieur
de Montbazon quand ses prisonniers lui feirent
escorte par force au logis de monsieur du Mayne.
J'avois beau dire que je n'estois point mort, il
n'y avoit point de raison en ce diable, et croy
qu'il estoit aussi yvre que son Suisse. Mais le
jesuitte qui me servoit d'escorte vint à la traverse et fit le holà, disant que j'estois un es-
tranger qui venoit veoir le pays, et que, si on
me faisoit quelque violence, ce seroit pis qu'à
Rome, où on donne l'estrapade aux François devant qu'ils soyent debottez. Le diable pensoit
que le jesuitte luy en vouloit donner d'une, et
luy dit qu'il cognoissoit bien qu'il n'y avoit religion qui eslargit plus la manche de la conscience
pour le faict des jeusnes que celle des jesuittes,
et qu'à cause de cela il taschoit à me sauver, qui
estois yvrongne et condamné à la soif perpe-
tuelle. J'estois si fort saisi de crainte, voyant
que ny la force ny les prieres n'avoient efficace
auprès de cest enragé, que j'oubliois la franchise
de mon passeport; mais je ne sçay quelle bonne

fortune m'en fit ressouvenir. Je le desployai et monstray à ce maistre diable, voyant que ces messieurs se serroient desjà pour me faire place à table. Le diable l'ayant veu et cogneu la signature, me fit une grande reverence, me priant que je luy pardonnasse ceste jeunesse; que ce qu'il en avoit faict n'estoit qu'une affection qu'il portoit à la justice, qu'ilz conformoient en ce pays-là du tout à la justice françoise, principallement pour la longueur et des procès et de la prison. Je pensois que je ne serois jamais hors de ceste maison. Je luy pardonnay fort volontiers, et, ayant passé un petit d'eau dessus un petit pont, vins en une isle où sont tous les larrons de Paris, France et de tout le reste du monde; car en ce pays-là n'y a grand ny petit Chastellet, et si sont tous les financiers juridiciables à la Conciergerie du Palais. J'y vis un grand nombre de personnes, et entre autres plusieurs tresoriers de ma cognoissance, un grand nombre de gabelleurs, partisans et autres. Parant [1] y estoit, homme de qui on tient un grand conte là-bas, et qu'on a fort bien salé de peur qu'il ne pourrisse. Ce fut le premier à qui je m'addressay. Il me demanda comment se portoit monsieur de Gesvres et combien il avoit gaigné

---

1. C'estoit un partisant du sel.

par ses substituts ceste année sur le party. Il me chargea aussy de quelque message secret pour luy porter, touchant quelque restitution, et luy en donnoyt conseil en amy, comme homme maintenant expert aux affaires d'Enfer. Je devisay quelque temps avec luy et l'induisis à confesser que tant de receveurs de tailles, de decimes, de gabelles, tant de tresoriers de France, maistres et auditeurs des comptes, et tout ce tas de financiers, ne sont que sangsües qui s'emplissent du sang et se baignent aux larmes du peuple. « Je ne dis pas qu'il n'en faille avoir, ce disoit-il, et qu'ils ne soient maux necessaires comme on dit des femmes ; mais à quel propos un tel nombre, sinon pour ronger l'or du Roy, et, en mauvais alchimistes, le tourner en argent ? Il ne faut que se mesler deux ans des finances pour achepter des seigneuries, fourrer sa robbe de marthes et donner un carrosse de velours à madame. Le peuple ne se doibt pas mescontenter d'enrichir son Roy, mais se peut plaindre justement de-quoy on oste le pain de ses enfans pour nourrir les chiens de ces messieurs, qu'on vend leurs lictz pour coucher plus mollement les palefreniers et valetz de cuisine de leurs bourreaux. Le bon Roy ne sçait pas les pauvretez de son royaume, il y remedieroit bien-tost s'il en estoit adverty, Peut-estre que monsieur de Sully,

homme d'esprit, prompt et retenant, trouvera
ceste invention pour remplir les coffres que le
siege de Sedan a vuidez, de faire happer ces ga-
lans, et, comme on faisoit à Athenes, leur faire
confesser par quel moyen ilz sont devenuz si
riches, oultre la portée de leurs gaiges et patri-
moines. Je m'asseure qu'il n'y a si pauvre villa-
geois qui n'engageast ses outils pour achepter
des cordes à les pendre. Le Roy en tireroit la
confiscation, monsieur de Sully la louange, le
peuple le soulagement. On retrancheroit la
moitié ou plus de tous les Estats, et autant de
la judicature, et alors tout se porteroit bien.
On laisseroit en l'administration des Estats les
plus gens de bien, on leur donneroit moyen
honneste de s'enrichir. Le peuple ne seroit point
foulé de donner autant d'argent, je ne dis pas
qu'il faict maintenant, mais que le roy reçoit
tant d'eux que de sa vente des Estats, qu'on sup-
primeroit, et ne verroit-on pas tant de terres en
friches, tant de parroisses desolées, tant de
pauvres gens contraincts de gaigner la mort par
leurs larrecins, ne pouvant gaigner leur vie et
celle de leur famille en travaillant; et ne leve-
roit-on plus, au nom du Roy, de tailles sur les
pauvres laboureurs, comme si le Roy estoit seigneur proprietaire de toutes les terres en particulier de France, ce qui se veoid maintenant en

beaucoup de meilleures et plus grasses provinces de ce royaume. » Je fus bien estonné de l'entendre parler si cruëment de son mestier. « Hé! monsieur, dis-je, pensez-vous que ce soit plus grande justice de contraindre un pauvre homme de trop saler son pot que de donner à dîner à un sergent ou deux escuz à un receveur pour avoir un respit de quinze jours ? — Le tout ne vault rien, me dit-il ; je parle contre moy-mesmes le premier, et ne trouvez pas estrange si je me fasche contre l'espine qui m'a picqué. Je parle aussy pour le salut de mes confreres : si on les pendoit, ils feroient penitence en l'autre monde et iroient ici proche aux Champs Elizéens. Aussy bien y a-t-il assez de places vacantes pour ceux qui y pourront passer. — Or sus, monsieur, quelle penitence endurez-vous ici? — Hélas! ne le voyez-vous pas bien? Premierement, on confisque tous nos biens dès que nous venons icy, et tant de peine et tant de soing que nous pensions avoir pris au monde, nous n'en sommes pas plus riches que d'un linceul, et, au lieu du bon traictement que nous nous faisions, ou pour le moins que nous nous pouvions faire, on nous laisse icy, faulte de chemises blanches, en telle misere que nous tombons en peu de temps en une infection très-vilaine. Croyez-vous bien que mesme tout mon sel ne m'a peu empescher de pourrir? — Voilà grande pitié, lui dis-je. Mais qui sont ceux-là auprès de vous qui monstrent bien à leur mine qu'ilz endurent beaucoup, et neantmoins ne s'en plaignent pas? — Ah! dit-il, ce sont les advocats, qui pillent et rançonnent tout le monde, et, comme vous voyez, n'ont maintenant pas la consolation de plaindre leur malheur, car on leur coupe à tous les langues parjures par lesquelles ils ont autres fois juré de ne plaider jamais cause qu'ilz cognoissent estre injuste et mal fondée. »

Je consideray bien le tout et en escrivis une partie en mes tablettes. Je me fiay du reste à ma memoire, et ayant promis quelque pelerinage à ces pauvres âmes, et admonestées de ne plus desrober, je me partis de ce pays-là, et entray en une maison assez proche, où estoient Messieurs des Cours de Parlement et Juges Presidiaux, et y en avoit beaucoup d'entre eux qui avoient les robbes toutes rouges, les autres n'estoient semées que de flammes, les autres tout de noir, selon que chacun le méritoit. Les Presidens Durandy et Brisson estoient assis teste à teste, et parloient des affaires d'une populace mutinée, et combien c'est chose hazardeuse de tomber entre les mains de gens seditieux[1]. Les

---

1. Ces deux : le premier estant premier president à Tho-

s^{rs} Daffis et l'Archer disoient qu'il estoit vray,
et qu'ilz en prirent un jour telle apprehension,
que la parolle leur en faillit[1]. Le feu President
de Thou faisoit bonne mine et monstroit assez
qu'il estoit à son aise. Il m'envoya un huissier
pour sçavoir qui j'estois, mon Jesuitte luy respondit pour moy, car ilz s'entr'entendoient ensemble, et luy dit que je me tenois ordinairement à Paris. Il me fit approcher; je le salüe
et, sçachant qui il estoit, luy asseure que j'estois des meilleurs amis de Monsieur le President son filz, et que j'esperois le veoir en bref,
et que ce seroit le premier à qui je dirois nouvelles de mon voyage. « Puiz que vous luy
estes si bon amy, dit-il, commandez luy de ma
part, je vous prie, qu'il face imprimer de rechef
son Histoire; mais que, comme à la seconde
edition il a osté quelques feüilles et contenté les
Jesuittes, ainsy à ceste troisiesme il raze tout
ce qui prejudicie à la renommée de la feüe
Royne mere. C'est elle qui m'a faict, et luy par
consequent, tels que nous sommes, et ne faut
pas qu'elle reçoive le mal pour le bien. Dittes-

loze, fut tué par la populace de ceste ville-là, et l'autre par
celle de Paris.

1. L'un advocat general à Tholoze, et l'autre conseiller
au Chastellet, accablez ensuitte de la calamité des deux
presidens susnommez.

luy qu'en toutes autres choses, je me contente
infiniement de luy, et que tous ceux qui viennent
par deçà l'estiment merveilleusement homme
de bien. » Quasi au mesme rang où estoit assis
Monsieur de Thou, il y avoit une chaire et personne dedans, la figure des Sceaux de France
dessus, et toutes les autres marques de la Chan-
cellerie. On m'apprit que c'estoit pour Monsieur
le President Jannin, qui seroit chancellier en ce
monde-là, à cause qu'il ne le pouvoit estre en
cestuy-cy. Feu Monsieur de Chiverny ne m'a-
voit pas encore apperceu, car il estoit empesché
à lire des lettres de Madame de Sourdis, touchant quelques indulgences qui debvoient estre
à Bordeaux le jour de St-Joseph; mais, dès qu'il
m'eut veu, il quitta sa lecture pour me caresser
et faire souvenir du temps passé. Je proteste par
toutes les merveilles de mon voyage, que je fus
si espris de joye et de tristesse tout ensemble,
qu'à grand peine luy pus-je dire un seul mot.
Nous devizasmes enfin assez long temps, et si
le temps ne m'eust pressé, je croy que j'y fusse
encore. A nostre a-dieu, il me pria de veoir ses
filz à mon retour au monde, et que je disse au
comte de Chiverny qu'il le prioit d'estre bon
mary en ses secondes nopces, qu'il traictast bien
sa femme, l'honnorast comme sa compagne, et
par tous les tableaux, cheminées, portes, et au-

tres lieux où il feroit graver ses armoyries, qu'il n'oubliast pas aussy d'y mettre celles de sa femme. Pour l'Evesque de Chartres, il ne me donna pas grande commission; seulement me dit un mot touchant la chasse des lievres de Beausse. Monsieur de Thou me pria aussy de veoir la Royne Mere devant que de partir, et luy dire, comme de moy-mesme, que je sçavois bien qu'on vouloit corriger ceste Histoire de quoy elle s'estoit scandalisée, et que, sans doubte, ce qu'en avoit faict l'Autheur ne procedoit d'aucune malice ou ingratitude, mais du pur et sincere amour de dire verité. Je pris la commission, et luy demanday où je la trouverois. « Au quartier des Princes, ce me dit-il; si vostre guide est bon Jesuitte, il vous y pourra bien conduire. » Comme j'estois prest à sortir, feu Monsieur de la Guesle[1] me rencontra qui venois de faire de l'eau à la porte et me demanda des nouvelles de son filz et de sa belle fille. Je luy dis que je les avois laissés tous deux en bon poinct, Dieu mercy, et que si Monsieur le..... pouvoit venir au-dessus d'un demy rond contre qui il a affaire, que, sans doubte, il auroit la rotondité toute pleine. « Mais ne faict-il point de filz pour luy suc-

1. Président au Parlement de Paris et père du procureur general, car ilz estoient l'un et l'autre excessivement gros et gras.

ceder ? — Monsieur, dis-je, il a promis à son gendre de n'en point faire. Je ne sçay s'il tiendra coup ; mais, s'il attend encore quelque temps, je m'asseure qu'il en recevra commandement de Monsieur le Dauphin, en faveur de Monsieur de Nancey. — Et je vous prie donc bien fort, dit-il, de le faire haster, et si vous avez du crédit envers Madame de....., faites qu'elle en parle à ma belle fille. »

Comme j'eus quitté ce seigneur, je commençay à songer où pouvoit estre Ligoli, que je n'avois pas veu en ceste bande-là. Je le demande à un guide, il me dit qu'on l'avoit envoyé en Angleterre pour confesser un Jesuitte qui estoit proche de sa fin. « Mais où est-il logé quand il est icy bas ? — Monsieur, dit-il, il est logé en si misérable lieu, qu'il crie comme un desespéré qu'il ne croit point qu'il y ait de Dieu, et qu'il ne sçait où est sa miséricorde. Mais où voulez-vous que je vous mène ? — J'irois volontiers veoir, luy dis-je, ceux qui ont aimé les belles gens, car je me sens un peu de ceste humeur, et peut-estre que ceste veüe me feroit homme de bien. De là nous irons, s'il vous plaist, à la Tournelle, veoir donner quelque sentence ; puis nous passerons par la maison du Roy de ce lieu et, finallement, au lieu où vous logez les Princes, pour faire mon message à la Royne-mere. — En voilà bien, ce dit-il, je ne sçay si nous irions partout en un jour, et puis il n'y a point de cabaret pour disner ; le meilleur seroit d'aller tout droict veoir la Royne Mere, et que nous prinsions nostre refection chez elle. » Je m'y accorde, nous tirons à ce costé et passons par une grande lande, où un nombre de Diables estoient empeschez à faire des fagots de fougère et de bruyère, pour certains feux de joye qu'on devoit faire après vespres, comme je vous diray tantost. Un peu plus loing, nous apperceûmes deux hommes qui se battoient en duel, comme avoient fait le jour de devant Monsieur de Laval et Monsieur de Baummes. « Ne voilà pas, dis-je, grand pitié, messieurs les morts, que, ne vous contentans des maux que vous endurez icy, vous les augmentez encore par vos querelles et sottises ? Hastons-nous, je vous supplie, separons ces enragez et les mettons d'accord, s'il y a moyen. » Estans assez proches, je cogneu que l'un estoit encores une fois Monsieur de Baummes ; cela m'irrita extremement, tellement que, sans recongnoistre sa partie, je m'addresse seulement à luy : « Et ne voilà pas de belles nouvelles que je rapporteray à Monsieur du Plessis de vos comportements ? Est-ce là ce qu'il vous a enseigné ? Sur mon Dieu, vous debvriez estre hon-

teux, et pour ne vous celer point vos perfec-
tions, quand ce seroit Monsieur le Prince de
Jeinville[1], il ne sçauroit estre plus folastre que
vous. — Je ne le suis pas tant que vous pen-
sez, dit-il. Je proteste par Nostre-Dame-des-
Ardilliers que je ne me bats que pour bonne
cause ; mais voicy un homme qui m'agace sans
cesse sur le faict de la Religion. — J'en ay bonne
raison, respond l'autre, car je suis jeté en ma
croyance tant pour la vérité que pour ce que
mes predecesseurs ont esté membres de la
saincte Eglise. » Je le regarday au visage, et
cogneu que c'estoit le feu Mareschal de Balagny.
« Ma foy, Monsieur, luy dis-je, vous debvriez
avoir honte d'estre si vaillant après vostre mort.
C'est à vous de redresser ceste jeunesse, et ne
penser qu'à veoir vos parens qui sont icy, et
vous vous amusez enfin à estre soldat. » Il cogneut bien que je disois vray, et pourtant remist l'espée au fourreau et donna la main au
sieur de Baummes, qui n'en fit pas moins de
son costé. Après cest appoinctement, Monsieur de Balagny me demanda des nouvelles de
la guerre, et s'il estoit vray qu'on vouloit assieger Cambray. « Rien moins, luy dis-je. L'Ar-
cheduc ne se deffie pas du Roy, et le Roy ne

1. C'est M. de Chevreuse.

s'amusera pas à rompre la paix sur un si maigre
suject, si ce n'est pour la liberté de l'Eglise,
et remettre Cambray entre les mains de son
Archevesque. « Ma foy, dit-il, je voudrois qu'il
le feit, je participerois à l'honneur, car si je ne
l'eusse pas perdüe, il n'auroit pas maintenant
l'occasion de la regaigner. Et pleust à Dieu,
pour l'amour du Roy, qu'il y eust un Espaignol
pour gouverner dedans qui eust toutes mes
qualitez. Mais, où allez-vous maintenant? —
Chez la feu Royne-mere, dis-je, pour luy faire
la reverence. — Je vous tiendray compagnie,
me dit le sieur de Baummes, car j'ay un mot à
dire à Monsieur de La Trimoüille, qui est allé
en ces quartiers-là. » Nous prismes congé de
Monsieur de Balagny et fismes si bonne expe-
dition qu'en peu d'heures nous nous trouvasmes où nous allions. C'estoit un grand logis
fort percé à jour, et pourtant extrèmement
chaud en esté. Je vis feu Madame, sœur du
Roy, qui disnoit à une fenestre avec feu Monsieur de Maslay, grand-maistre de Lorraine, que
j'entendis. Il luy contoit des particularitez d'A-
miens. J'approche et salüe tres-humblement
ceste Princesse, qui ne me put faire bon visage, car elle l'avoit bien mauvais et n'estoit
nullement..... .... Si me fit-elle la plus joyeuse
chère qu'elle put et me demanda nouvelle de

Monsieur le Duc de Bar. « Je l'ay bien ouy
dire », dit-elle, et puis me dit en l'oreille : « Mais
venez ça. Seront-ce les pourceaux, ou les vaches,
qui feront la bien venüe à leur Princesse? »
J'entendis bien ce qu'elle vouloit dire, qui me
fit un peu sourire. Elle reprint la parolle, et
me dit que, si elle estimoit la priere des saints
vallable, elle ne cesseroit de prier Dieu pour
ceste maison de Lorraine, et qu'à vray dire elle
n'avoit jamais cogneu meilleurs Princes, ny
plus obeissans subjectz, qu'en ceste maison,
voire ny meilleur pays pour son entendüe, et
que rien ne l'empeschoit d'estre un pays de dé-
lices, que les debtes et reliquats de la fiebvre
quarte que la Ligue a donnés à la Lorraine.
« Mais parlons maintenant du Roy mon frère :
comme se porte-t-il? Monsieur le Dauphin est-il
tousjours aussy opiniastre qu'il estoit? Madame
de Verneüil est-elle en cour? Y a-t-il quelque
enfant? »

Je luy contay tout ce que je sçavois, et, pour
luy faire souvenir du temps passé, luy parlay de
monsieur le comte de Soissons; mesmes, eslar-
gissant un peu ma conscience, dis qu'il luy bai-
soit très humblement les mains, et qu'au reste
sa lignée augmentoit fort heureusement. Ne
sçavoit-on pas si le mesme bonheur adviendroit
à monsieur le prince de Conty. « Il n'y a point

de doubte à cela, me dit-elle, car je fus dernierement me promener aux Champs Elysiens, où
sont toutes les âmes qui doibvent aller au monde
jusques au jour du Jugement. Là j'en vis un
grand nombre qui sont promis à nostre royale
maison, et entre autres trois ou quatre qui sont
apprestez pour monsieur le prince de Conty.
Dieu le benie et toute sa generation. » Elle estoit près de disner, et, comme les princes sont
plus humbles en ce pays-là qu'en cestuy-cy, elle
me fist demeurer avec elle et mesmes mon jesuitte, non sans quelque petite gausserie dessus
sa........... Son disner fut d'un livre de Fernel, où
il monstre les signes de grossesse et les maladies
de la matrice, et pour son dessert la veüe de la
teincture, à l'entour de laquelle estoit escrit :
Catherine de Bourbon, Royne de Navarre. Je ne
pris pas beaucoup garde à ce que mangea mon
jesuitte, touteffois je croy que ce fut......... Pour
moy, je fus servy d'une bonne escuelle de lentilles, apprestées avec de l'huile d'olif, justement
comme on les mange en Bearn. Ceste bonne
princesse me dit que j'en mangeasse hardiment,
qu'elle les avoit autrefois fort aimées, et donneroit bien grande chose pour en pouvoir encore
manger. L'après disnée, je prins congé d'elle et
vins en la chambre de la feu Royne-mere. J'atten-
dis quelque temps à sa porte qui estoit barrica-

dée, car elle se confessoit à monsieur le cardinal de Lorraine. La confession achevée, j'entre dedans et la salüe comme meritoit une dame qui avoit esté autreffois si grande, et qui est encores maintenant si fameuse. Je luy dis comme de moy-mesme tout ce que le president de Thou m'avoit embousché, dont elle feit semblant d'estre fort contente, mais je craignois fort quelque dissimulation italienne. Je n'avois pas esté un demy quart d'heure en sa chambre, quand le diable courtisan de qui j'avois mon passeport y arriva. Je fus extremement aise de le veoir, esperant qu'à son premier voyage il me rameneroit au monde. La bonne dame luy fit merveilleusement bonne chere et luy demanda des nouvelles. « Madame, dit-il, je me suis hasté exprès pour vous en apporter ; je ne sçay si elles vous seront fort agreables. — Jesus ! dit-elle, et que peut-ce estre ? A-t-on point encore tenu les Estats à Blois ? » Le diable developpe un papier qu'il avoit serré dans son mouchoir et luy presente ; c'estoit la coppie du testament de la royne Marguerite, par où elle institüe monsieur le Dauphin son héritier. « Ah ! dit la Royne-mere, elle eust esté plus sage si elle eust quitté les champs, si elle eust quitté les vallons et les montaignes où elle s'est renfermée un si long temps, se tenant en sa maison, et n'eust eu autre

soing que de faire elle-mesmes un Dauphin qui
luy eust succedé sans testament. Mais, par la
mercy Dieu, encore ne suis-je pas satisfaitte de ce
desmariement, et j'en puis parler plus librement
maintenant que je suis morte et qu'il n'y a si
grande force en France qui me puisse envoyer
achever mes jours en Italie. Quant à ma fille, je
sçay qu'elle a preferé une asseurance à une sotte
opiniastreté, et a bien fait en cela; mais moy qui
n'ay rien à craindre, je dois pourvoir à ses affaires, et pense avoir trouvé un expedient très-
subtil en......... est aussy bien en vie maintenant
qu'il estoit il y a six cens septante ans. » Alors elle
envoya querir le feu........., son oncle, par.........,
qui l'alla trouver tout sur le champ et l'amena
avec luy. Le bonhomme n'estoit plus pape, mais
s'appelloit ex-pape et avoit grande voix au chapitre d'Enfer pour son ancienne dignité. Sa
niepce luy ayant faict une grande et longue
plainte, le pria de luy donner advis sur ce faict,
et mesme d'en escrire à ses amis à Rome; mais
le venerable vieillard, voyant que ceste femme,
oubliant toute ancienne dissimulation, se laissoit
transporter à une passion descouverte, la pria de
laisser un peu rasseoir ce sang plus boüillant
qu'il n'estoit convenable à un aage si decrepit,
et, pour en venir à bout, commence à rembarer
ceste violence par des raisons merveilleusement

fortes et apparentes. « Ma niepce, ma mie, dit-il, si je n'eusse pas espluché de si près les mariages des grands, je n'eusse pas perdu le denier de........ en Angleterre; mais, pour vouloir faire trop du juste et ne point irriter l'empereur Charles-le-Quint, j'ay faict une plus grande playe à mes successeurs, que pour pouvoir estre recompensée par toutes les bulles que on envoye en Perse et en Japon. Je vous prie, laissons les choses comme elles sont. C'est nostre bonne parente qui est royne de France. Dieu la garde de mal et luy donne la grace de........ heureusement la fleur de lis sur sa teste et sur celle de ses enfans. Je ne fus jamais fort bon François, comme je monstray bien quand je vous envoyay en ce pays-là, mais j'oseray asseurer qu'il n'y a ny bon François ny bon catholique qui ne prie pour la prosperité et stabilité du très-auguste mariage du Roy et de la Royne. L'Église y a passé. Allez à Geneve, si vous ne vous contentez, et encor, sur mon Dieu, on ne vous recevra pas; et si vous voulez disputer ce faict, le meilleur est de vous tenir en Enfer. Laissez vostre bonne fille aller aux prisons, aux hospitaux, racheter tous noz pechez et les siens, et remercier Dieu de ce que Fernel vous fit des enfans : car autrement vous eussiez peut estre esté empeschée à parler pour vous et non pas pour vostre fille. Mais, si vous me croyez, vous luy escrirez une lettre de consolation, et luy loüerez sa resolution d'estre allée à Paris, bonne, sur ma foy, et vertueuse, nonobstant toutes les moqueries qu'on en faict. » La Royne-mere eut beaucoup de peine de s'accorder à cecy, mais à cause que la force n'estoit pas pour elle, elle fit joug et se contenta d'escrire une lettre à la Royne Marguerite. Le Diable..... lieutenant de monsieur de la Varenne, en fut le porteur, et moy j'en pris vistement une coppie, ce pendant qu'on cerchoit de la cire pour la cacheter. Elle estoit escrite en ces propres termes :

« Ma fille, j'ay receu nouvelles de vostre voyage
« de Paris, et tout presentement de vostre tes-
« tament.

« Esjouïssez-vous, ma fille, et vous souvenez
« que vos triomphes surpassent tous ceux des
« plus grands capitaines de l'Europe, vous triom-
« phez de l'honneur, le mesprisant; de l'Espai-
« gne, ayant conquis Madrid; et de la genero-
« sité, n'en tenant compte. Vous voyez les faveurs
« que Dieu vous a fait, ayant permis qu'un
« chartier aye conduit vostre nepveu le comte
« d'Auvergne à la Bastille, que vous soyez de-
« meurée sœur de roy après la mort de tous vos

« freres, et que tousjours une couronne suspen-
« duë en l'air couvre de son ombre vostre teste,
« pour vous continuër le très-auguste nom de
« royne. Les diables trouvent icy bas que l'In-
« fante et son mary ne sont aucunement con-
« tents de vostre testament, et que cela leur
« oste beaucoup de pretentions, tant en Bre-
« taigne qu'autre part. Ne vous en souciez; Ju-
« piter vostre frere a autant de credit en para-
« dis et à Rome qu'eux, et puis la loy de grace
« est venuë, on tient maintenant plus de compte
« des chrestiens que des juifs. Pour messieurs
« de Lorraine, qui pourroient pretendre à vos-
« tre heritage, je m'asseure qu'ilz s'accommode-
« ront à tout ce que vous voudrez. Chauvelon
« est le sûr intendant de leurs affaires, vous
« l'avez autreffois trouvé si doux, que ce seroit
« grand pesché si vous en attendiez quelque
« amertume. Adieu, ma fille. »

Le diable me donna la copie de ceste lettre,
que j'ay gardée fort soigneusement, et voyant
que ceste dame estoit toute transportée de colere, je ne me tins pas bien longtemps avec elle,
car aussy bien il y faisoit fort chaud, et après un
très humble à Dieu, je dis en l'oreille à ce diable
qui est poste d'Enfer que j'avois encore beaucoup de choses à veoir là bas; touteffois, s'il es-

toit si pressé que de retourner ce jour mesme au monde, je laisserois à veoir le reste pour une autre fois, et qu'il falloit necessairement que je retournasse avec luy. Il me dit que pour l'amour de moy il demeureroit là jusques au lendemain, qu'il coucheroit chez les jesuittes pour apprendre quelques nouvelles, et que si j'y retournois pour les neuf heures du matin nous irions à Paris ensemble. Je le remerciay bien humblement, et, pour ne point perdre si belle occasion, prie mon jesuitte de me mener vistement ez lieux les plus signalez d'Enfer. La cour de Pluton n'estoit pas fort loing, ce qui nous donna occasion de la veoir devant tout autre lieu. C'est une grande maison, toute peinte de noir à noircir, faicte à l'antique, comme vous diriez les vieux bastiments du Louvre, et sur les bastions force doubles PP PP. Je pensois, au commencement, que ce fut en l'honneur des papes........., pour quelque jubilé qu'ilz y eussent envoyé; mais on m'advertit depuis que c'estoit pour les noms du roy Pluton et Proserpine sa femme. Il y avoit à la porte, tirant la chapelle de Bourbon, le regiment des gardes françoises, et tout remply de jeunes barbes, et qui promettoient beaucoup s'ilz eussent vescu. J'en eus peur, mesmement depuis que la sentinelle braqua son mousquet contre moy, me commandant de faire

halte. Mais il n'y a point de lieu en Enfer où les
jesuittes ne puissent entrer; ma guide fut incontinent recognüe, qui me fit faire large et passer
toutes les portes du chasteau, là où nous trouvasmes tout le monde en joye, qui faisoit grand
signe d'allegresse à leur mode; car on ne se res-
jouit pas là bas en mesme sorte que nous faisons.
Nous demandasmes quelle feste on celebroit
là bas? On nous dit que c'estoit pour les nopces
de Florimond de Raymond, devant conseiller au
parlement de Bourdeaux, qui se marioit à Jeanne
la Papesse, et que si nous voulions veoir la solennité, nous pourrions entrer en la chapelle, où
ilz se debvoient incontinent trouver pour espouser. Je fus bien aise de pouvoir veoir ceste cere-
monie, et me fourray en un petit coing, d'où je
pouvois veoir facillement toute la feste. A peine
estois-je entré que ces messieurs commencerent
à arriver. Pluton mesme leur fit l'honneur de
s'y trouver, qui est un grand homme, de bonne
mine, et qui retire merveilleusement sur monsieur d'Esdiguieres. Il y avoit deux pages qui
marchoient devant luy, fort semblables de visage à monsieur de Roquelaure et au general
des galeres. Proserpine n'y estoit pas, pour une
douleur de dents qui luy faisoit garder la chambre. Florimond de Raymond s'estoit faict pres-
tre pour espouser ceste papesse, et de faict en

portoit l'habit. La mariée ne portoit point de couronne ceste journée-là, à cause qu'elle n'estoit pas pucelle, mais elle avoit une robbe fort riche, et assez belle quand c'eust esté pour aller en procession à Rome. On les maria à la mode d'Enfer, les advertissans qu'il estoit pas besoing qu'ilz feissent des enfans, et que ce païs-là estoit desja assez peuplé. Sur ces entrefaites arriva le bon Lipsius, qui avoit composé un epithalame qu'il vint presenter à Florimond, devenu pape de par sa femme. Je regarday le bonhomme à qui j'ay autreffois esté familier à Louvain, que j'eus neantmoins peine de recognoistre, car il estoit fort changé de visage et ne s'appeloit plus Lipsius, mais Jodorlap, qui estoit son vray nom, à ce que j'appris là bas. Il avoit une bonne robbe fourrée que Nostre Dame luy avoit envoyée pour eschauffer en Enfer, en recompense de celle qu'il luy laissa dernierement par testament. On n'obmit rien à la solennité des nopces, mesmes les feux de joye furent incontinent allumez par tout, et n'y eust ame en Enfer qui n'en dansast aussy soupplement que feroient des pois dedans une marmite qui bout. Comme on estoit quasy prest de sortir de la chapelle, arriva le pape Leon onziesme, qui avoit esté autreffois mon voisin à Paris. J'eus toutes les envies du monde de luy parler, car il estoit party du monde si viste que je ne luy avois peu baiser les pieds durant sa papauté. La premiere chose que je luy dis fut que je me plaignois premierement, au nom de toute l'Eglise, et particulierement de madame Conchine, qui se desesperoit pour n'avoir eu loisir d'obtenir de sa saincteté quelques indulgences, car, pour les richesses et grandeurs de ce monde, la bonne dame n'y pensa jamais. Jamais homme ne fut plus esbahy que moy ; car ce vieillard, au lieu de me respondre, commence à me charger d'appointement avec une grosse marotte qu'il portoit en la main. Je pensois, au commencement, que ce fut le foudre d'excommunication qu'il deschargeast sur mes espaules, mais la risée que tout le monde fit de mon adventure me fit changer d'opinion. Aussy appris-je bien-tost qu'il estoit devenu le fol d'Enfer, et qu'il avoit eu cest estat pour avoir esté si sot que de partir de Rome au temps qu'il y commençoit à faire bon pour luy. Je sortis avec mes coups de baston, maudissant la feste, et surtout honteux d'avoir esté traicté de la sorte en si honnorable compagnie ; mais je rencontray un diable à la porte, encore tout botté et esperonné, qui ne faisoit qu'arriver d'Italie et apportoit lettres de leur ambassadeur, resident à Rome, à Pluton. L'envie de sçavoir des nouvelles fit faire silence de toutes parts ; mesmes les

nouveaux mariez se mirent à l'escart pour faire
place au messager, qui delivra son paquet d'un
visage fort joyeux, et donna grande esperance
de quelque grande prosperité. De fait il escri-
voit à Pluton que le pape luy avoit donné en
pur don sa republique de Venise, et qu'il ne
falloit plus que force diables pour s'en emparer ;
mais qu'il se falloit haster devant qu'un certain
medecin eust appresté un breuvage qu'il compose pour appaiser ceste soudaine maladie. Il
ne se parla quasy d'autre chose pour ce soir en
Enfer, et n'y eust passetemps qu'on peust inven-
ter pour des nopces si signalées qui empeschât
qu'on ne parlast que de matieres d'Estat.

Au sortir de l'eglise, on vint advertir Pluton que
deux ambassadeurs estoient fraichement arrivez
du monde, l'un de la part des Suisses et l'autre
des électeurs de l'Empire. Pluton n'en fut pas
fort content, car il se doubtoit qu'ilz ne deussent encherir le vin en Enfer, comme on jugeoit
que messieurs de Dannemark feroient à leur arrivée en Angleterre. Neantmoins il fit bonne
mine, et les envoya prier à une commedie qu'on
alloit representer, leur promettant audience incontinant après. Je les vis arriver avec toute
la compagnie. A vray dire, c'estoient tous de
bons ventres, et plus propres à enfanter Bacchus que la cuisse de Jupiter ne fut jadis. Ilz sa-

luerent Pluton à leur mode, et commencerent à entamer la matiere pourquoy ilz estoient venuz; mais Pluton remist tout jusques à la fin des jeux, et commanda aux comediens de commencer. C'est chose rare, à ce qu'on dit, que de veoir des jeux en Enfer, qui fut cause que je prins plus particulierement garde à la maniere des comediens et quel jeu ilz representoient. Ils n'ont pas faulte de bons acteurs en Enfer; car il n'y a gueres de comediens de ce monde qui aillent en Paradis, mais c'est le mal qu'ils sont rarement employez à leur ancien exercice. Ilz nous donnerent une Pastorelle pour le premier plat, dont la matiere estoit telle. On feit sortir une vieille bergere, qui pouvoit estre de l'aage de Carmenta, la mère d'Evander, mais qui monstroit bien à sa mine qu'elle avoit esté fort galante en son temps, et disoit-on qu'elle avoit eu autreffois quasi toutes les bergeries du monde en son pouvoir; mais elle estoit lors si passée qu'il n'y avoit plus que son nom, et mesmes estoit bannie de son pays. Ceste bonne vieille avoit un oiseau, je croy que c'estoit un aigle, quasi de mesme aage qu'elle, duquel elle faisoit grand compte comme d'une des grandes marques de sa felicité premiere. Comme elle caressoit son aigle, arriverent deux maistres bergers auprès d'elle, ayant chacun une bonne troupe de bergerottes à son

côté, et commencent à flatter la bonne vieille
pour avoir part à son oiseau qu'elle portoit lié
de sept gros cordons à son bras. C'estoit un plaisir de leur veoir faire l'amour à ceste femme
avec autant de passion que si c'eust esté une
marquise de Verneuil ou une madame de Moret.
L'un de ces bergers s'appeloit Henriot, qui commencea sa harangue en tels termes : « Madame,
si ma passion estoit d'un jour, ou que je n'en
eusses donné des preuves suffisantes, je serois
honteux maintenant de venir contrefaire le pas-
sionné en vostre presence. Mais vous sçavez,
Madame, avec combien de soing j'ay recerché
l'honneur d'estre le grand maistre de vostre ber-
gerie et gouverneur de vostre aigle, tesmoing
mon voyage il y a trois ans à la porte de vostre
maison, soubz ombre de ces deux beliers d'une
de mes terres qui gourmandoient le reste du
troupeau; tesmoings mes bergerots, qui ont res-
veillé vos gens avec leurs cornets à bouquins
en une de vos censes nommée Cleves; tesmoing
encore la bonne grace que j'ay recherchée, et
peut estre gaignée, de plusieurs de vos plus
grands domestiques, et ne vous estonnez pas de
mon dessein. Il ne tend qu'à vostre honneur,
Madame, croyez-moi, que, demeurant longtemps
aux champs, j'ay cogneu la vertu d'une herbe
qui s'appelle des Escus, plus propre à vous faire

rajeunir que toutes les drogues d'une Medée
Croyez-moy, donnez-moy le gouvernement d
vostre maison, et si je ne vous redonne ce be
aage auquel vous fleurissiez jadis, sy je ne vou
rends les bergeries perdües , chassez-moy d
vostre service, Madame, et m'estimez indigne d
cest honneur. Pour ce jeune veau, mon antago
niste, qui s'appreste à vous faire la mesme re
queste, helas! souvenez-vous, Madame, que vou
avez eu assez de semblables gouverneurs, qui s
tiennent à couvert et semblent avoir honte d
se monstrer à la lumiere, et que si cestuy-cy es
basanné, c'est de nature, et non pas de travai
Vous estes aussy assez sage, gentille Dame, pou
prevoir qu'une suitte de tant de gouverneur
pris du mesme souche pourroient enfin tourne
vostre maistrise en servitude. Mais Dieu et vos
tre prudence vous en gardera, Madame, et l
houlette, et le sang, et les Escuz de vostre trè
humble serviteur Henriot. »

Ayant achevé sa harangue, il faict une grand
reverence et laisse approcher l'autre berge
nommé Philippot, qui commencea aussy à plai
der sa cause. « Madame, dit-il, avec la permissio
de Dieu et de nostre saint pere le pape, de me
confesseurs et de mon gouverneur de Lerm
je prendray la hardiesse de vous dire un mot, e
vous supplier de vous souvenir de mes ance

tres, et me donner la place que je desire chez
vous, en faveur de leurs merites, et non pas des
miens : car je ne suis pas huguenot, mais si con-
fessé-je de cœur que je n'en ay point. Je vous
promets une chose, Madame, c'est que je suis
fort paisible et que vous me gourmanderez facillement. Mais ce diable de Henriot est un
mauvais garçon, et en danger qu'il ne devienne
aussy glorieux après le marché faict qu'il est
maintenant courtois et honneste. » Philippot ne
tint pas plus long discours que cela, après lequel
la bonne vieille, ne respondant pas à leurs propos, ne feit que dire qu'elle n'estoit pas bien habillée et qu'elle vouloit envoyer querir une jaquette delà la mer. La Pastorelle se finit avec un
chant melodieux des bergers, qui louërent la
prudence de leur maistresse.

Après cela on representa une tragœdie de la
Vie et Mort de feu monsieur de Guise. Celuy
qui jouoit son personnage, encore qu'il fust des
plus excellents acteurs, si ne laissoit-il pas de
faire de bien lourdes fautes; mais on disoit que
c'estoit en quoi il ressembloit le mieux à monsieur de Guise. Ce qui pleust bien en ceste
tragœdie fut la lecture d'une prophétie qu'on
feignit avoir esté recitée à monsieur de Guise,
le jour devant qu'il mourut, par l'archevesque
de Lyon La prophetie contenoit qu'on tien-

droit tel conte de luy après sa mort, que jamais son corps n'iroit soubz la terre; que, de ses enfans, l'un heriteroit son nom et sa sagesse, l'autre son renom et sa galanterie, qu'il ne doubtast nullement du succès de ses affaires, car pour certain son filz seroit roy, ses nepveux seroient princes du sang, et que si quelque chose empeschoit le cours de la fortune de son filz, ce seroit plustost un allerion gros et gras, contre le naturel de la beste, que non pas la fleur de lys.

Mais surtout la comedie, ou la farce, comme vous la voudrez appeller, fut bien plaisante. L'on introduisit tous les bastards du roy d'Angleterre, qui sollicitoient le pape de censurer un livre intitulé: *De la Virginité*, que le roy de France avoit composé. Monsieur de Alincourt plaidoit pour son maistre, et, craignant que les Anglois ne devinsent maistres de Rome, il appelloit tous les seigneurs françois à son aide. Monsieur de Nemours y courut le premier, à son malheur, car les Anglois ne luy laisseren pas un cheveu sur la teste, et n'avoit ses tes moings si cachez qu'il ne s'en pouvoit avoir de preuve. Pour monsieur de Villeroy, il ne s'osoi haster d'abandonner sa maison, de peur d'y laisser quelque mauvais hoste. L'Espagno mesmes y alla en personne et taschoit à tire l'espée de son grand pere, mais il y avoit proche de soixante ans qu'elle tenoit au bout. Tout cela fut joué fort ridiculement. Après les jeux, on alla coucher Florimond avec sa femme. Mais c'estoit une matiere si secrette que je n'y fus pas admis. La nuict venoit, tout le monde estoit en desbauche en Enfer, qui me feit me retirer incontinant au college de jesuittes, d'où je partis le matin avec le diable-poste, et m'en retournay à Paris.

NOTES

ÉCLAIRCISSEMENTS ET CORRECTIONS

Page 2, ligne 10. *Qu'à l'Espagne de venir au dessus des Pays-Bas.* — Philippe III avait alors *le dessous* dans la lutte engagée contre les Pays-Bas. Depuis qu'il était devenu roi de France, la constante préoccupation de Henri IV avait été de mettre fin aux intrigues et à la prépondérance de l'Espagne. Il en était venu à bout, à l'intérieur par la défaite de la Ligue et par l'apaisement des esprits, à l'extérieur par le traité de Vervins, la guerre et la pacification des Provinces-Unies. — Le 7 juillet 1608, arriva à la cour l'ambassadeur de Philippe III, don Pedro de Tolède, et le bruit courut que son langage était « accompagné de présomption espagnole » et que les paroles échangées avec le roi avaient été aigre-douces. *L'Estoile* constate (au 26 janv. 1609, quelques mois avant la date du présent opuscule) que, parmi les « petits livrets » du jour, tout ce qui était « contre l'Espagnol » était alors « bon et de mise à Paris ». Don Pedro continuait à attirer l'attention, et le mois suivant (février) il sortait de Paris, « où il avait fait un long séjour, pour reprendre le chemin de son pays, où la pluspart des bons François le souhaittoient il y avoit longtemps ». (*L'Estoile.*) — Le vent soufflait donc à la revanche, et l'ouverture de la succession du duché de Clèves et de Juliers allait en fournir l'occasion, dès la fin de mars, c'est-à-dire à l'époque où allait paraître l'*Enfer*, sous le titre de *La Descente aux Enfers*. (Voir notre Introd., p. xxiii)

P. 3, l. 1. *Plume aussi grande que paon qui soit en cour la sçut porter.* — D'Aubigné, qui aimait à revenir plus d'une fois sur la même idée, a fait sur cette similitude un sonnet qu'il a placé dans ses *Petites Œuvres meslées* et dans son *Baron de Fœneste* (I, 13) :

DU PAON ET DU COURTISAN

Quand le Paon met au vent son pennache pompeux,
Il s'admire soy-mesme et se tient pour estrange.
Le Courtisan, ravi de sa vaine louange,
Voudrait, comme le Paon, estre parsemé d'yeux.

Tous deux sont mal fondés. Aussi, de tous les deux,
Quand il faut s'esprouver, la vaine gloire change,
Comme le Paon, miré dans son pennache d'ange,
En desdaignant ses pieds, devient moins glorieux.

Encore est nostre Paon au Courtisan semblable,
Que de la voix, sans plus, il se monstre effroyable;
Il descouvre l'ami qui le loge chez lui;

Il est jaloux de tout, il est sujet aux rhumes...
Ils diffèrent d'un poinct, que l'un monstre ses plumes,
Et que l'autre est paré du pennage d'autrui.

P. 3, l. 11. *Le feu roy Henri III....* — « Le mardy 8 aoust (1589), le Roy, qui ne pouvoit plus tenir le siége devant Paris, faute d'argent et de munitions, le leva, et prit le prétexte de la conduite du corps du feu Roy à Compiègne, où il le laissa en depost à l'abbaye de Sainte-Corneille, son armée l'accompagnant comme pour honorer son convoy. » (*L'Estoile*). — Il ne fut inhumé à Saint-Denis que le 23 juin 1610, juste huit jours avant qu'on y apportât les restes de son successeur. L'auteur de l'*Enfer* s'est ici souvenu du sort du pilote Palinure, le premier qui s'offre aux regard d'Énée dans sa visite aux Enfers (*Æn.*, VI, v. 374).

Tu Sorgias inhumatus aquas amnemque severum
Eumenidum aspicies, ripamve injussus adibis?...

P. 3, l. 19. *La despence d'un bal avec Monsieur d'O.* — François, marquis d'O, avait été, avec Villequier, dont il était le gendre, un des mignons de Henri III. Il devint

grand-maître de sa garde-robe et surintendant des finances (1578), gouverneur de Paris et Ile-de-France. D'Aubigné n'a eu garde d'oublier, dans ses *Tragiques* et dans
la *Confession de Sancy*, le compagnon de plaisir de
Henri III :

> *On nous faict voir encor un contract tout nouveau,*
> *Signé du sang de d'O, son privé macquereau.*

(TRAGIQUES, II, éd. JOUAUST, p. 101.)

« Si je comptois les épousailles de Quélus, l'autre con-
tract signé du sang du roi et du sang d'O, pour tesmoin,
par lequel il espousoit M. Le Grand (le grand écuyer, Ro-
ger de Bellegarde), etc. » (*Sancy*, chap. 7).

P. 3, 1. 33. *Le conseiller de Turin.* — Philibert de Thurin,
conseiller en la grand'chambre du Parlement de Paris,
« grand justicier, » dit Tallemant des Réaux, c'est-à-dire
juge très-honnête, mais aussi original fieffé, connu pour
sa brutalité. Voir, dans *L'Estoile*, la façon dont il reçoit
et interroge le trésorier de l'épargne Puget, en mai 1607,
lors de la recherche des financiers. D'Aubigné lui a fait
l'honneur de le citer en belle compagnie dans ses *Tragiques*, au livre III, lorsqu'il peint la Chicane et la Forma-
lité « qui difforme tout » :

> *Erreur d'authorité qui, par normes énormes,*
> *Ote l'être à la chose, au contraire des formes.*
> *Qui la hait, qui la fuit, n'entend pas le Palais,*
> *Honorable reproche à ces doctes Harlais,*
> *De Thou, Gillot, Thurin...*

P. 4, 1. 7. *Le médecin La Rivière.* — Premier médecin
du roi Henri IV. C'étoit un homme habile doublé d'un
charlatan. Il est ainsi drapé par Sancy, en sa *Confession*
(II, chap. 2) : « Je trouve La Rivière, premier médecin, de
meilleure humeur que ces gens là. Il est bon galiéniste et
très-bon paracelsiste. Il dit que la doctrine de Galien est
honorable, et non mesprisable pour la pathologie, et profi-
table pour les boutiques. L'autre, pourvu que ce soit de
vrais préceptes de Paracelse, est bonne à suivre pour la
vérité, pour la subtilité, pour l'espargne ; en somme pour
la thérapeutique. Partant, il fait de son âme comme de

son corps : estant Romain pour le profit, et Huguenot pour la guérison de son âme. »

P. 4, l. 8. *Le petit Marescot.* — Médecin par quartier du roi. Il était d'un caractère remuant, et déploya un grand zèle professionnel dans l'affaire d'une possédée, nommée Marthe Brossier, qu'on avait amenée de Loches à Paris en 1599.

P. 5, l. 6. *La pauvre Bastille ayant fait un gros pet qui, à l'espagnolle, après son premier esclat, s'est tournée en fumée.* — La question de la principauté de Sedan, c'est-à-dire du refus du duc de Bouillon de se soumettre à l'autorité du roi, s'étant envenimée, Sully avait décidé Henri IV à commencer des préparatifs de guerre et à mettre en marche, en mars 1606, une armée de vingt-cinq mille hommes, avec cinquante pièces de canon. Comme on approchait de Sedan, le duc de Bouillon parlementa et un traité fut conclu le 2 avril. — Le trait « à l'espagnolle » est bien de ce moment où *L'Estoile* note que, « pour ce qui est contre l'Espagnol, tout est bon et de mise à Paris, comme estoient il y a quelque temps les livrets qu'on faisoit contre les Huguenots, quelque sots et maussades qu'ils fussent ».

P. 5, l. 9. *C'avoit esté de l'invention du sage Alquife.* — Le sage Alquife, enchanteur puissant, personnage des suites de l'*Amadis*, cité dans Don Quichotte, sert ici apparemment pour désigner le roi Henri IV, comme dans Malherbe *Alcandre*, et dans la satire de Louise de Conti *le Grand Alcandre*.

P. 5, l. 11. *La postérité de Périon et Gaule.* — Le texte est fautif, lisez *de Gaule.* — Périon, roi fabuleux de Gaule (ou plutôt *Galle*) est le père du célèbre héros du roman de chevalerie *Amadis de Gaule*, qui était alors encore en vogue. On lit dans *L'Estoile* (au 24 sept. 1608) : « La bible du Roy, *Amadis de Gaule*, ce (disent les médisans) qu'il se faict lire pour s'endormir, par Du Laurens, son premier médecin. » — « On tient que ceste subjection a avancé les jours de Du Laurens, par les veilles qu'il luy falloit souffrir près le Roy, lequel, quand il ne pouvoit reposer, envoyoit quérir le dit Du Laurens pour luy venir lire, et le faisoit souvent relever en plein minuict. » (*L'Estoile*, au 30 sept. 1609). — L'*Astrée* de d'Urfé ne vint détrôner l'*Amadis* que vers 1609. Bassompierre raconte dans ses

Mémoires, à cette date, que Henri IV, ne pouvant dormir, tourmenté à la fois par son amour pour Mlle de Montmorency et par la goutte, se faisoit lire la nuit, par lui (Bassompierre), par Bellegarde et Grammont, qui se relayaient pour cela, le livre d'*Astrée, qui lors étoit en vogue*. (De Loménie, *Du roman en France. Revue des Deux-Mondes*, 1er déc. 1857). — Une découverte récente a fait enfin connaître avec certitude la date de la première édition de l'*Astrée*, laquelle est de 1607. (*Mém. de Bassompierre*, publ. par le marquis de Chantérac. Paris, 1870, page 397.)

P. 5, l. 16. L'*Amadis*..... *la phrase un peu françoise.* — Avec Calvin, dont l'*Institution chrestienne* est de 1535, Herbelay des Essarts, traducteur et amplificateur de l'*Amadis*, dont la première édition parut en 1540, commença à donner à notre langue deux qualités qui lui manquaient encore totalement : le nombre de la période, le choix des mots, c'est-à-dire d'une part l'harmonie, de l'autre l'abondance, l'élégance, la variété. (*La Bibliothèque de don Quichotte : Amadis de Gaule*, par Alph. Pagès, 1868, in-16).

P. 5, l. 15. *Ce prédicateur de Saint-Médéric.* — Il s'agit vraisemblablement des fameuses prédications faites avec fracas, par le beau parleur Du Perron, dans l'hiver de 1596, « lorsque M. le Convertisseur prit la peine de venir prescher et pescher à St-Merry, à la barbe du peuple, là où il prend des grenouilles en dormant, là il presche à diacre et sous-diacre ; son frère et quelques autres de ses apostres, ont un banc chargé de beaux livres devant sa chaire. Ils les ouvrent à la citation des passages, ils les ferment le plus fort qu'ils peuvent, pour resveiller l'assistance ; mais tant est douce la polylogie de ce personnage, que la plus part y dorment trois heures, et, comme à la pescherie, y gaignent force rheumes. En quoi la faculté de Théologie apporte des commodités nouvelles à la faculté de Médecine ». (*Confession de Sancy*, I, ch. 9.) Il s'agissait alors de « déconfire » Tilenus, comme plus tard Du Plessis Mornay. (Voir aussi *L'Estoile*, juin 1597.) — « M. d'Avoye lui dit (à Du Perron): « Il me souvient que vous preschâtes « à St-Merry. MM. Marion et Arnauld vous furent ouïr. « M. Marion dit en sortant : Ce n'est pas un homme qui « presche, c'est un ange. » (*Perroniana*). Aussi Du Perron, réplique-t-il qu'il a fait à Marion une belle épitaphe, lorsqu'étant à Rome, il a appris sa mort.

P. 7, l. 15. *Quelque Rodomont*. — Personnage du *Roland furieux* de l'Arioste, dont le nom est resté synonyme de fanfaron, et a produit le mot, fort en vogue alors, de *rodomontades*, pour signifier vanteries de bravache, menaces de fanfaron.

P. 6, l. 12. *De la part du président Jeannin à M. de Guise*. — Le président Jeannin avait servi la Ligue. Après la mort du duc de Guise, il s'était donné au duc de Mayenne. Il voulut, du reste, quand la Ligue eut succombé, se retirer loyalement en Bourgogne. C'est Henri IV qui, appréciant son mérite et sachant les services qu'il pouvait tirer de lui, l'appela et le retint.

P. 6, l. 9. *Tous les tués au siège de Sedan*. — *Les gens que vous tuez se portent assez bien*, dira plus tard le Cliton du *Menteur* de Corneille (acte IV, sc. II).

P. 7, l. 15. *M. de la Varenne*. — Guillaume Fouquet, de piqueur de viandes des cuisines de Madame, devenu marquis de la Varenne gros comme le bras, par la faveur motivée de Gabrielle d'Estrées, était alors contrôleur général des postes et gouverneur de La Flèche, où l'on sait qu'il servit les Jésuites de tout son crédit auprès du roi. Son nom se prononçait *La Varanne*, suivant le vicieux accent du peuple de Paris, dit Le Duchat. *L'Estoile* l'écrit semblablement.

P. 8, l. 7. *La Chambre Dorée*. — La grand'chambre du Parlement, au IIIe livre des *Tragiques* :

Encor fallut-il voir cette Chambre Dorée,
De justice jadis, d'or maintenant parée,
Par dons, non par raison : là se voit décider
La force, et non le droit ; là voit-on présider
Sur un throsne eslevé l'Injustice impudente...

P. 8, l. 12 et 20. *Le mareschal de Biron.... en une prison nommée St-Paul*. — Biron ayant été amené de Fontainebleau à la Bastille, le 12 juin 1602, son procès fut instruit du 13 au 28 juillet, et le 29 il fut condamné à mort. Le lendemain matin, le chancelier de Bellièvre étant allé, avec le garde des sceaux, à la Bastille pour la notification et l'exécution de l'arrêt, le maréchal ne put se maîtriser et « se déborda, dit le *Supplément à L'Estoile,* en injures contre M. le chancelier, l'appelant injuste, sans foi, sans loi, statue, image plâtrée, grand nez, qui l'avait condamné iniquement, sans aucune raison, étant innocent et nullement coupable ; qu'il l'ajournait à comparaître devant Dieu dans l'an et jour. Et cependant il marchait à grands pas par la chambre, ayant le visage conturbé et affreux. » Quand le moment suprême fut arrivé, il montra aussi beaucoup d'irritation et d'emportement contre le bourreau. Enfin, celui-ci fit son œuvre et la tête fut tranchée d'un coup. Elle tomba à terre, d'où elle fut ramassée et mise dans un linceul blanc avec le corps, qui, le soir même, fut enterré à Saint-Paul. Sur lequel lieu on sema le suivant quatrain :

> *Biron aimoit tant les gens d'armes*
> *Qu'avant qu'on eût coupé son col,*
> *Il donna son corps à Saint-Pol,*
> *Lequel avoit chéri les armes.*

P. 8, 1. 20. *Rhadamante escrit au chancelier qu'il peut mourir.* — On vient de voir quelles raisons avait le chancelier de Bellièvre pour ne pas souhaiter de se trouver nez à nez en l'autre monde avec le maréchal de Biron. Sa mort est du 9 sept. 1607.

P. 9, 1. 7. *Des estoffes pour des calçons aux dames de Paris.* — Je trouve la date précise de l'introduction de cette mode dans une petite pièce de vers : *La mode qui court au temps présent* (à Rouen, 1604, de l'imprimerie de Jean Petit) :

> *Pour les Dames et Damoiselles*
> *Sont cent mille Modes nouvelles :*
> *Pignouers, tabliers, calessons,*
> *Coiffures de cinq cens façons...*

On comprend que cette mode soit venue à une époque où les femmes, par l'ampleur de leurs vertugadins, ressemblaient à des cloches, mais à des cloches ouvertes par le dessous à tous les vents coulis. Les peignoirs (*pignouers*) avaient bien aussi leur raison d'être, quand il leur convenait de mettre bas ces carapaces.

P. 9, 1. 15. *Ne chevauche jamais que guilledins d'Angle-*

térre. — C'est l'ancien nom d'un cheval anglais qui va l'amble (*Littré*). Bassompierre parle en ses *Mémoires* (août 1608) de ces chevaux d'Angleterre que Quinterot avait amenés en France plus d'un an auparavant, qui ont depuis esté cause que l'on s'est servi de chevaux anglais, tant pour la chasse que pour aller par pays, ce qui ne s'usoit point auparavant. »

P. 10, l. 1. *Les chevaux d'Espagne.* — On appelait *genets* les chevaux de ce pays. Ils étaient de petite taille, mais bien proportionnés. (*Littré*.)

P. 12, l. 8. *La contemplation... des jugements, des peines...* — *Discite justitiam, moniti...* (*Énéide*, IV, v. 820.)

P. 12, l. 22. *Pour séparer cette folle jeunesse, que je jugeay bien du premier coup estre françoise.* — Au premier livre de ses *Tragiques*, intitulé *Misères*, d'Aubigné s'élève avec force contre la fureur des duels qui décimait la noblesse :

> *Folle race de ceux qui, pour quelque vaisselle,...*
> *Se faisoient égorger au profit des parents...*
> *On débat dans le pré les contrats, les cédules;*
> *Nos jeunes conseillers y descendent des mules...*
> *Depuis que telles lois sur nous sont establies,*
> *A ce jeu ont volé plus de cent mille vies...*
> *Chacun combat à part, et tous en gros périssent.*

« Un mien ami me dit ce jour (dimanche, 18 mars 1607) avoir entendu dire de M. de Loménie, que depuis l'avénement du roy à la couronne, on faisoit compte de quatre mille gentilshommes tués en ces misérables duels en France, et que c'estoit chose qui avoit esté assurée à Sa Majesté pour véritable. » — Ce jour (7 mars 1609), se battirent en duel, hors la porte St-Antoine, six gentilshommes, trois contre trois, desquels un des plus braves demeura mort sur la place, les autres blessés; et y en eust ce mesme jour encore un autre au Pré-aux-Clercs. — Le mercredi 13 (mars 1609), se battirent en duel, au Pré-aux-Clercs, messieurs de Guitri et Fleuri (Guitri, huguenot, Fleuri, catholique); tous deux aussi bon chrestiens l'un que l'autre. Guitri demeura fort blessé, en danger, ainsi qu'on disoit, de mort; Fleuri blessé aussi, mais légèrement.... « Le

samedi 27 (mars 1609) fut publié au parlement l'édit du
roy sur la prohibition et punition des querelles et duels :
édit vraiement chrestien, et de tant plus remarquable et
rare, que nous n'en avons plus guère entre nous que le
nom; au reste très nécessaire, plein d'équité et de justice,
et qui bannit un monstre, lequel depuis vingt ans a dévoré
et fait mourir en France de sept à huict mille gentilshommes : car il se vérifiera, par les registres des chancel-
leries seulement, que depuis l'avénement de nostre roy à
la couronne, jusques à la fin de l'an passé (1608), en ont
esté scellées et expédiées sept mille grâces. » (*L'Estoile.*)
— Voir aussi sur les duels et leur répression, le chap. ix,
livre Ier, des *Aventures du baron de Fœneste.*

P. 12, l. 26. C'estoit le jeune comte de Laval. — Guy de
Coligny, comte de Laval, né le 6 mai 1585, élevé à Sedan, conformément aux dernières volontés de son père
Guy-Paul de Chastillon, le fils aîné de François d'Andelot, frère de l'amiral Coligny. C'était un gentilhomme
instruit et plein de vaillance. Circonvenu par les jésuites,
il abjura en 1604. Cet événement désappointa les huguenots et fit grand bruit. On va l'entendre exposer lui-même les
circonstances et les motifs de sa conversion. — « En ce mois
(avril 1605), dit L'Estoile, se présentèrent deux amples
sujets pour exercer les plumes et langues des curieux et
médisans de ce siècle, à sçavoir le rasement de la pyramide (élevée en mémoire du parricide de Jean Chastel), qui
se devoit faire incontinent en faveur des jésuites; l'autre,
la nouvelle catholicité de M. de Laval. A quoi les uns et
les autres ne s'espargnoient, et en publièrent force escrits et
discours, mais avec peu de fruit, estant bien mal aisé de
tirer d'une passion une vérité. » — Il fut tué l'année sui-
vante (30 décembre 1605), en Hongrie, à la tête des troupes dont l'Empereur lui avait confié le commandement.
En lui s'éteignit la branche d'Andelot. — « Peu auparavant, Sa Majesté avoit eu advis de la mort de M. de Laval,
tué en Hongrie, jeune seigneur fort accompli, riche de
plus de cent mille livres de rente, et de celle de son gouverneur, M. de Gerges du Faur, duquel M. de Rosni eut
la dépouille. » (*Suppl. à L'Estoile,* fin déc. 1605).

P. 12, l. 27. Contre le fils de M. Du Plessis. — On lit
dans le *Supplément* à *L'Estoile,* au mois de novembre 1605 :
« Vinrent aussi les nouvelles de la mort de M. de Bauves,
tué en une rencontre des Pays-Bas. Il estoit fils de M. Du

Plessis-Mornay, gentilhomme autant accompli et regrettable qu'il y ait eu en France il y a longtemps, tant pour la probité et doctrine que pour la valeur, dont le Roi rendit tesmoignage de sa propre bouche, lorsqu'on lui en apporta les nouvelles. » — Philippe de Mornay, sieur de Bauves (ou Boves), était né le 20 juillet 1579; il était donc âgé de vingt-six ans quand il fut tué à l'attaque de Gueldre, dirigée par le prince Maurice. Cette mort fut vivement sentie; elle accabla le malheureux père, qui, en l'apprenant, s'écria : « J'ai perdu mon fils, donc j'ai perdu ma femme. » Madame Du Plessis-Mornay tomba, en effet, en langueur et mourut au bout de quelques mois (15 mai 1606). Lorsqu'elle avait pu recouvrer la parole, après avoir reçu la nouvelle de la mort de son fils, elle avait dit: « La volonté de Dieu soit faite! Nous le pouvions perdre en un duel, et lors quelle consolation en eussions-nous pu prendre? »

En effet, à son arrivée à Paris, en janvier 1605, « un gentilhomme périgourdin nommé La Martonie, despité d'avoir été poursuivi par M. Du Plessis et d'avoir perdu son procès, avoit appelé en duel M. de Bauves, qui, selon l'erreur de la noblesse françoise, ne s'y portoit que trop franchement. Le Roi en ayant pris connoissance, et considérant l'absurdité de faire appeler le fils au combat pour avoir poursuivi son bien en justice, fit mettre La Martonie en prison au Four-l'Evesque, et ne parloit de rien moins que de lui faire couper la teste; laissa, au contraire, M. de Bauves pour estre gardé en son logis, et peu de jours après luy osta ses gardes. Là, il fut visité de toute l'eslite de la cour, d'une et d'autre religion, comme si cet accident se fût rencontré exprès pour faire voir à tous combien sa vertu en cette jeunesse estoit déjà reconnue. La fin fut que, quelques mois après, à la prière du duc d'Aiguillon, le Roi accorda la vie et la liberté à sa partie, à condition d'aller expier sa faute deux ans durant en la guerre de Hongrie. Il fut remarqué néanmoins par les plus clairvoyans, et cela affligeoit M. Du Plessis que son fils avoit esté mis en liberté sans finir la querelle, contre toute coustume, pour lui laisser en sa maison cette espine. » (*La Vie de M. Du Plessis*, par David De Licques. Leyde, Elsevier, in-4°, 1647.)

P. 15, l. 7 et 9. *Demandez-en des nouvelles au pauvre Nantouillet..... Les bottes du comte de Saulx.* — « Le dimanche, premier de ce mois (février 1609), mourut à Paris le comte de Saulx, meurtrier du feu baron de Nantouillet, tenu pour un des gallans seigneurs de la cour, et qui mourut aussi d'une gallanterie, ainsi qu'on disoit, à sçavoir d'un excès fait avec une femme, qui est le trait d'un vrai et parfait courtisan... » (*L'Estoile*). — On lit dans les *Mémoires* de Bassompierre : « Nous commençâmes l'année 1606 par la foire de Saint-Germain, où Créquy eut quelques paroles avec Haraucourt, et ensuite avec le marquis de Cœuvres (février) dont la querelle dura longtemps, et fut cause de celle du comte de Saulx et de Nantouillet, qui donna la mort à ce dernier. » (Michel Antoine Du Prat, baron de Nantouillet, tué en duel par le comte de Saulx, le 12 mars 1606. *L'Estoile*).

P. 15, l. 20. *Monsieur de Baummes.* — Le manuscrit portait d'abord M. de *Beauvais* ; ce nom a été biffé et remplacé par celui de *Baummes*. Mais c'est encore une mauvaise lecture du vrai nom du fils de Du Plessis-Mornay, qu'on appelait M. *de Bauves* (ou *de Boves*), comme on l'a vu ci-dessus, p. 84, à la note qui le concerne. Il faut faire partout ici cette correction, et ci-après à la page 53.

P. 17, l. 11. *Ce livret, qu'il intitule ses* Larmes. — Il venait de paraître sous ce titre : *Les Larmes de Philippe de Mornay sur la mort de son fils unique (en latin et en françois), avec des Méditations sur Prov. III,* 11-12. Saumur, par Th. Portau, 1609, in-12.

P. 16, l. 19. *Madame la mareschalle ma mère.* — Anne d'Alègre, veuve de Guy de Coligny, comte de Laval, qu'elle avait épousé en 1583, s'était remariée à Guillaume de Hautemer, comte de Grancey, seigneur de Fervaques, maréchal de France. Elle était de la religion, comme M. de Laval va lui-même le rappeler, et il ne paraît pas qu'elle se soit convertie.

P. 16, l. 24. *De peur que messieurs de Vitré ne l'entendissent.* — C'est-à-dire messieurs de l'Église réformée de Vitré. Le synode national de 1583 s'était tenu à Vitré, en Bretagne, au château du seigneur de Laval. L'abjuration du comte de Laval avait dû molester singulièrement les réformés de Vitré, et les *Requiescat in pace* marmottés par sa mère étaient de nature à leur porter ombrage.

P. 16, l. 25. *La Consolation que Nerveze a faict impri-*

mer. —Je n'ai pu retrouver cette pièce qu'à la bibliothèque de l'Arsenal, où elle est enfouie dans un recueil non catalogué. Elle est intitulée : *Lettre consolatoire à madame la mareschale de Fervaques, sur la mort de monsieur le comte de Laval, son fils, tué en la guerre de Hongrie.* A Paris, chez Anthoine du Brueil, tenant sa boutique sur les degrez de la sale du Palais. 1606 (22 p. in-16). — Cette lettre est en prose, et le sujet, qui ne pouvait échapper à la banalité, y est traité avec une certaine élévation de sentiments et en assez bons termes. Elle n'est donc, en réalité, ni plus mauvaise ni meilleure que tant d'autres du même genre. Elle est suivie de *Stances* à la mémoire du défunt, au nombre de quinze, de six vers chaque. La dernière finit ainsi :

> *Laval, vis donc heureux dans l'empire des anges...*
> *Si la Parque te print au plus beau de ton âge*
> *Tu fis un grand profit parmi ce grand dommage,*
> « *Car qui meurt pour le ciel vit éternellement.* »

Les deux pièces sont signées *De Nervèze.* —Anthoine de Nervèze est l'auteur du temps qui a sans doute le plus produit de ces pièces de circonstance, en vers et en prose, qu'on « criait par les rues et devant le palais ». L'Estoile (qui fait rimer le nom de *Nervèze* avec *fadèze*) en acheta plusieurs, comme collectionneur (16 nov. 1609, une *Consolation à M. de Saint-Luc*, etc.; 15 mai 1611, l'*Anniversaire du roy*). — Les Consolations, ou Lettres consolatoires, étaient alors des condoléances en usage; Nervèze, entre autres, en faisait métier.

P. 17, l. 18. *Le père Claude Mathieu est le capitaine.* — Supérieur des Jésuites de la province de France, ce père était appelé le Courrier de la Ligue. « On lui donnoit ce titre, dit L'Estoile, parce qu'il a escrit ce qui se passoit à Rome et en France au sujet de la Ligue. » (Sept. 1591.) Arnauld, dans son célèbre plaidoyer pour l'Université, dit que Claude Mathieu avait été chargé de porter au roi d'Espagne la lettre que les Seize lui écrivirent le 20 septembre 1591.

P. 18, l. 5. *Plustôt entre les mains du cardinal Évreux, et fût-ce à Fontainebleau....* — Lisez *cardinal d'Évreux.* — La piété filiale de M. de Bauves ne pouvait avoir rien plus en horreur que la conférence de Fontainebleau, véritable guet-apens où Du Plessis-Mornay avait donné, tête baissée, à son grand dam, pour l'unique plaisir et profit du roi et du cardinal Du Perron, son compère.

P. 18, l. 17. *Quelque tableau dissimulé qu'on appelle énigme, dont les Jésuites sont prestres passés.* — Occupation digne, en effet, des Jésuites, qui étaient, comme on sait, passés maîtres dans ces sortes d'amusettes, ou, comme dit L'Estoile, d'amuse-badauds, fadèzes et balivernes.

P. 18, l. 22, et p. 19, l. 2. *Un des avocats généraux d'Enfer... M. Marion...* — Simon Marion, de Nevers, avocat général au Parlement de Paris, après avoir brillé longtemps comme avocat, notamment dans son quinzième et dernier plaidoyer contre les Jésuites; aimé de Henri IV, qui dit néanmoins de lui ce mot plaisant, que « certes il avait des lettres, mais moins bien arrangées que celles du messager de Poictiers ». Dans sa plaidoirie pour un avocat à qui un procureur avait déchiré l'oreille, il fit le catalogue de toutes les oreilles déchirées, depuis celles de Malchus. Ces étalages d'érudition oiseuse étaient d'ailleurs dans le goût du temps. Marion faisait l'admiration de Du Perron, — et réciproquement (*Perroniana*). — « Le mardi 15 (février 1605) fut mis en terre à Paris l'avocat du roy Marion, homme accort, fin, subtil, desguisé, et qui est mort en réputation d'un des premiers hommes du Palais, des plus habiles et des mieux disans (plus éloquens que pieux, dit quelqu'un) dont le jugement appartient à Dieu, et non aux hommes. » (*Suppl. à L'Estoile.*) Sa fille Catherine avait épousé, en 1585, Ant. Arnauld, le grand ennemi des Jésuites, qu'elle rendit père de vingt enfants.

P. 19, l. 9. *Tout de mesme qu'en France où les estats se multiplient et la vertu s'accourcist....* — C'est la plaie et la plainte invétérée: l'ancien et le moderne fonctionarisme. Voir à ce sujet tous ceux qui, depuis le XVIe siècle, ont pensé et écrit avec indépendance et clairvoyance, notamment d'Aubigné et L'Estoile.

P. 20, l. 2 (p. 21, l. 20, et p. 40, l. 9). *Père Cotton, qui avoit forcé une fille et le diable qui estoit dedans à luy conter beaucoup de nouvelles qui scandalisoient fort....* — « Le grimoire du père Cotton fut mis en ce temps (sept. 1605) sur les rangs à Paris, où il servoit de devis et entretien ordinaire aux compagnies. C'estoit un écrit de sa main, qui tomba par mégarde entre les mains de quelqu'un qui ne l'aimoit pas, ni ceux de sa société, et en fit courir des copies par tout. Il contenoit 71 demandes par articles, qui s'adressoient à quelque démon ou grimoire; et y en avoit de fort plaisans... » (*Suppl. à L'Estoile.*) — On voit par les *Mémoires de Sully* que le fait remontait à deux ans auparavant. En 1605, on avoit amené à St-Victor, pour y être exorcisée (comme Marthe Brossier en 1599), une fille de Gerbigny, près d'Amiens, nommée Adrienne du Fresnes, et le père Cotton, tenté du démon, avait emprunté au conseiller Gillot un traité de sciences occultes afin de se préparer à l'exorcisme et de le bien exploiter. Il avait dressé une liste de questions « qui scandalisèrent fort » lorsqu'elles vinrent à être connues, grâce à l'oubli fait par lui de son papier compromettant, dans le livre que Gillot lui avait prêté. Parmi les questions du père Cotton, il y en avait de pure curiosité jésuitique, oiseuses et fort plaisantes, comme dit le *Suppl. à L'Estoile* ; d'autres fort indiscrètes et suspectes, telles que celles « sur la santé du roy » et « le temps que le roy a encore à vivre » ; d'autres enfin concernant les hérétiques : « Tout ce qui touche de Laval.... Ce qu'il faut que je sache touchant le roi et M. de Rosny.... Ce qui est touchant Lesdiguières et sa conversion.... etc., etc. » — Cette affaire fit grand bruit. De l'aveu du père d'Orléans, biographe du père Cotton, on ne parla plus que de cela à Paris. La chose était d'ailleurs indéniable : l'original avait été remis par Gillot à Sully. (Voir notre ouvrage sur *Daniel Chamier*; Paris, 1858, in-8, p. 294. »?

Ne dirait-on pas que d'Aubigné songeait à cette aventure lorsque, dans son *Baron de Fæneste* (chap. XII du liv. II), il fait dire à Enay, à propos d'un contrat fait par Cayer avec le diable : « J'ai veu entre les mains de monsieur Gillot la pièce originaire » ?

P. 20, l. 20. *La pyramide du Palais et une autre joignant l'eschelle du Temple.* — En mémoire de l'attentat de Jean Chastel, écolier des Jésuites au collége de Clermont (janv. 1595), une pyramide avait été élevée devant la grande porte du Palais, au coin de la rue de la Draperie, sur l'emplacement de la maison démolie du père dudit Chastel, qui était drapier ; elle portait sur ses quatre faces l'arrêt de condamnation du parricide et diverses inscriptions flétrissantes pour les Jésuites. Dès qu'ils eurent obtenu

leur rétablissement (fin 1603), ils ne cessèrent de solliciter, par l'entremise de La Varenne et du père Cotton, la
démolition de cette pyramide. Le roi finit par la leur accor_
der, malgré le Parlement, et elle fut exécutée en mai 1605.

On appelait l'eschelle du Temple une échelle, ou marque
de haute justice, qui se trouvait au coin de la rue du Temple et de celle des Vieilles-Haudriettes. Il y en avait
aussi plusieurs autres dans Paris. C'est celle qui subsista
le plus longtemps. On en voyait encore un dernier échelon
vers le milieu du dix-huitième siècle.

P. 20, l. 22. *Les debtes de M. de Beaumont.* — Christophe
de Harlay, comte de Beaumont, fils du premier président
Achille de Harlay et petit-fils de Christophe de Thou. Il
fut ambassadeur en Angleterre de 1602 à 1607, et mourut
en 1612. — On voit par une lettre de Henri IV du 9
oct. 1605 qu'il pouvait rendre de bons services aux pères
jésuites, à charge de revanche. — L'Estoile mentionne
(au 21 juin 1607) des vers *sur la disgrâce du comte de
Beaumont, à cause de La Haye, favorite de Sa Majesté.* —
La « ferveur de M. le président, son père, pour la Compagnie » semble ici une piquante ironie, car c'est lui qui,
en 1603, fit au nom de sa propre compagnie les plus vives
remontrances au roi contre le rétablissement des jésuites.

P. 23, l. 2. *Qu'à la première pluye, comme le temps se
brouillera, Montauban montera ici.* — (Il faut rétablir ainsi
cette phrase). — «Le mardi (31 mars 1604) fut reçu par la
Chambre des comptes le trésorier Montauban, receveur de
la ville, tailleur de son premier métier, dont on disoit que
nostre recette étoit assignée sur la pointe d'une éguille.
Il fut reçu à certain tems et par commission seulement,
c'est-à-dire tant qu'il plairoit au roy. » — « Ce jour (19
déc. 1608), le trésorier Montauban, se sentant un peu
pressé chez lui d'un grand nombre de gens de toutes qualités qui s'y estoient assemblez pour avoir de l'argent, les
renvoyant rudement, les appela gueuzailles (se souvenant
possible de son premier mestier), dont on commença à
crier : *Aux ciseaux !* au lieu qu'on devoit, dirent quelques
uns, crier : *A la voirie !* pour l'y traîner comme un gueux
qu'il estoit premièrement, riche aujourd'hui de trois à
quatre cens mille escus, de la substance et sang du
peuple. » — Au 17 juillet 1609, lors de l'arrestation du
partisan Largentier, « qui contrefaisoit le prince à Paris »

et « avoit menassé souvent Montauban de le faire pendre,
l'appelant petit maraud et larron », L'Estoile le nomme
Moisset, dit *Montauban*. Il aurait pu citer à ce sujet les
deux vers de Régnier, dont, le 26 janvier 1609, il avait justement acheté les *Satires*, qui venaient alors de paraître :

Corsaires à corsaires,
L'un l'autre s'attaquant, ne font pas leurs affaires.

P. 21, l. 1, (et p. 23, l. 18). *Vingt coups de discipline
de M. l'archevesque de Sens.* — « En ce mois de sept. 1606,
mourut M. de Bourges qu'on appeloit M. de Sens, aagé
de 79 ans. Fut enterré à Nostre-Dame sans pompe ne cé-
rimonie. Prélat doué de grâces de Dieu, desquelles il en
a bien usé ou abusé : le jugement en est à celui devant le
throsne duquel il a comparu, comme nous comparaistrons
tous. » (*L'Estoile.*) — La Bibliothèque Montpensier lui
prête (n° 13) : « *L'art de ne point croire en Dieu*, par M. de
Bourges ».

P. 22, l. 6. *Frère Jacques Clément.* — Le religieux de
l'ordre de Saint-Dominique qui assassina Henri III, à
Saint-Cloud, le 1er septembre 1589. Il s'était fait prendre
par les gardes avancées du camp royal et avait été conduit
au procureur général, à qui il déclara qu'il était porteur de
lettres pour le roi et ne pouvait les remettre qu'à lui.

P. 22, l. 8 (et p. 51, l. 23). *M. de la Guesle.* — Jacques
de La Guesle, né à Paris en 1557, mort en 1612. — « Roquelaure, en venant changer les gardes, conta aux com-
pagnons comment le roi venoit de recevoir un coup de
couteau dans le petit ventre (bas-ventre) des mains d'un
jacobin qui lui avoit esté presenté par La Guesle, procureur général.... Lequel, troublé de desplaisir pour se
voir instrument d'une chose tant à contre-cœur, donna de
son espée à travers le corps du jacobin et le tua de ce
coup seul.... Le coup de La Guesle fut subject à beaucoup d'interprétation et de blasmes, pour le moins justes
en cela qu'un procureur général en devoit savoir l'importance et contenir ses mains. » (D'Aubigné, *Hist.*, III, 181.)
— Lors de l'attentat de Jean Chastel, Henri IV ne put
s'empêcher de rappeler ce fait à La Guesle. « Quant au procureur général, auquel on en vouloit comme fauteur des
Jésuites, le roy lui dit, sur ce qu'il s'excusoit à Sa Majesté

que sans y penser il avoit esté d'avis à la vérité de les laisser
à Paris, ne pensant pas que leur demeure y deust causer
un tel inconvénient : « Voilà que c'est, monsieur le procureur ! Vous fustes cause de la mort du roy mon frère
sans y penser ; vous l'avez cuidé estre de la mienne tout de
mesme. » (*L'Estoile*, 27 déc. 1595.)

P. 24, l. 19. *Mon antagoniste M. de Rohan*. — Madame,
sœur du roi, avait eu en 1597 l'idée de marier M. de
Rohan à la fille de Rosny, Marguerite de Béthune ; puis
M. et Mᵐᵉ de Fervaques avaient demandé en 1603 sa main
pour M. de Laval, leur fils ; et le roi, alors mécontent de
Rohan, favorisa d'abord cette demande ; mais il changea d'a-
vis, et le mariage avec Rohan fut décidé et célébré en 1605.
« Le dimanche 13 février, M. de Rohan épousa à Ablon
la fille de M. de Rosni. Estant mariée, on lui mit aussitôt,
audit Ablon, la couronne ducale sur la teste et lui bailla
lors le manteau ducal ; et fut en ceste équipage conduite à
Paris par un bon nombre de seigneurs et gentilshommes, à
qui M. de Rosni avoit donné à diner audit chasteau d'A-
blon. » (*Suppl. à L'Estoile.*) — C'est à Ablon qu'était
alors le temple des réformés de Paris.

P. 24, l. 21. *Les escus de son beau-père*. — On sait que
le bonhomme Sully, tout en soignant les intérêts du roi
et de l'État, n'avait nullement négligé les siens propres.
Il ne s'était pas lassé de demander au roi, lequel ne
s'était pas lassé de lui donner. L'Estoile transcrit (au 23
janv. 1610) la kyrielle de ses titres et seigneuries, qui faisait alors jaser sur son compte.

P. 24, l. 26. *Deux moitiés d'une grègue*. — Haut-de-
chausses à la grecque (*græca*), dont l'introduction en
France commença au XVIᵉ siècle.

P. 26, l. 1. *C'est le père Cotton qui m'a appris ce terme
de théologie* (secondairement). — Quarante-six ans plus
tard, l'auteur des *Provinciales* apprendra des successeurs
du père Cotton d'autres termes, tels que ceux de *grâce
suffisante*, de *grâce actuelle*, de *pouvoir prochain*... qu'il
leur fera payer cher.

P. 26, l. 5. *Quand Colas auroit dix mille vaches, il n'y
en auroit pas assez*... — « Le samedi 10 sept. 1605, on
trompetta des defenses par la ville de Paris de plus chanter

par les rues la chanson de Colas; et ce, sur peine de la hart... Ceste chanson avoit esté bastie contre les huguenots par un tas de faquins séditieux, sur le sujet d'une vache qu'on disoit estre entrée dans un de leurs temples, près Chartres ou Orléans, pendant qu'on y faisoit le presche; et qu'ayant tué ladite vache qui appartenoit à un pauvre homme, ils avoient après fait quêter pour la lui payer. Or, à Paris et par toutes les villes de France, on avoit la teste rompue de ceste chanson, laquelle grands et petits chantoient à l'envi d'un de l'autre, en dépit des huguenots. Et estoit déjà passé en commun proverbe, quand on vouloit désigner un huguenot, de dire: *C'est la vache à Colas*, d'où provenoit une infinité de querelles et batteries, ceux de la religion s'en formalisant fort et ferme, et estant aussi peu endurans que les autres, qui s'en fussent servis volontiers à faire une sédition, à l'instigation de quelques gens de plus grande qualité qui les y poussoient sous main, et faisant semblant d'esteindre le feu l'allumoient. Cela fut cause des deffenses si estroites que l'on en fit, et aussi que le jour de devant il y en eut près des Cordeliers un qui la chantoit, qui en fut payé d'un coup d'espée par un de la religion, archer des gardes de M. de la Force, qui l'estendit mort sur le pavé. » (*Suppl. à l'Estoile.*)

P. 27, l. 26. *Quel astre pur et sanctifié a si bien establi la Société aux bonnes grâces du Roy?* ... — Allusion au marquis de La Varenne, entre autres, (Voir notes ci-dessus, p. 80 et ci-après, p. 98).

P. 28, l. 20 (et p. 29, l. 11 et 17). *Leur collége de Clermont en un bout de la ville, et leur Sainct-Louys en l'autre.* — Saint Ignace ayant, en habile homme, recommandé aux siens de s'emparer de l'éducation de la jeunesse, la compagnie de Jésus travailla tout à la fois, sous Henri II (1550), à se faire recevoir en France et à établir un premier collége à Paris. Ce fut celui de Clermont, fondé par Guill. Duprat, évêque de Clermont, et inauguré en 1564, dans la rue Saint-Jacques, plus tard appelé par eux-mêmes collége de Louis-le-Grand. Il allait recevoir un grand développement par la faveur de Henri IV lorsque ce monarque périt assassiné. L'Estoile dit (sept. 1609) que « ces bons pères continuent les grands et beaux bastimens qu'ils font dans le collége de Clermont, et ce par les bienfaits du roi, qui

leur rend le bien pour le mal. » Un des premiers soins
de la régente fut de donner toute satisfaction aux révérends pères. Dès le mois d'août 1610, trois mois après
l'assassinat du roi, ils recevaient des lettres patentes
pour l'ouverture de leur collége. — Le cardinal de Bourbon
dont les jésuites avaient su capter la faveur, leur acheta en
1580 l'hôtel de la Rochepot, rue Saint-Antoine, pour y
établir la maison professe de leur ordre. Ils y élevèrent
aussitôt une chapelle sous le vocable de saint Louis.
Bannis, après l'attentat de Jean Chastel, par arrêt du 7
janvier 1595, ils quittèrent Paris le 8, et n'obtinrent qu'en
1603 des lettres de rappel qui ne furent enregistrées
qu'en 1604. Enfin ils furent remis en possession de leur
maison professe en janvier 1606. — On l'appelait aussi
leur maison de Saint-Louis. (Voir *L'Estoile*, au 31 août
1610.)

P. 28, l. 28 (et p. 29, l. 1). *Leur Cotton qui se plie et
se manie plus souplement... L'humeur de l'homme plut fort
au roy, et celle du roy au père Cotton, qui...* — «...Le
père Cotton, qui preschoit devant le roy, fort propre pour
une cour, étant doué de toutes les parties requises en
un bon courtisan. » (*Suppl. à L'Estoile*, au 12 mars 1604).
— «*Inter omnes autem jesuistas, magicarum artium peri-
tia eminet* père Couton, *gallus, quem Rex ipse tanti facit
ut regiæ mensæ adhibeat, et familiares cum eo misceat ser-
mones.* » (Petit libelle du temps, cité par L'Estoile au 9 janv.
1609.) — En ce temps couroit ce pasquil, rapporté aussi
par l'Estoile :

> *J'avois toujours bien ouï dire,*
> *Depuis le temps que j'ai vescu,*
> *Que quiconque estoit nostre Sire,*
> *De coton se torchoit le cu ;*
> *Mais nostre Roi, par grand merveille,*
> *De Coton se bouche l'oreille.*

P. 29, l. 7 (et p. 35, l. 26). *Qu'il ne va plus à la portion
que quand il veut faire diette.* — Le roi, qui choyait le
père Cotton, le faisoit assez souvent dîner avec lui, en
sorte qu'il n'avait que faire d'aller au réfectoire. Ceci est
pris ici au propre et au figuré.

P. 29, l. 9. *Avoir cinquante mille livres de revenu à La*

Flesche, et l'ouverture de leurs escholes en la rue St-Jacques.
— « A la sollicitation du sieur de La Varenne, le roy fit
don de son chasteau de La Flesche aux Jésuites, lesquels
s'y establirent et commencèrent d'y fonder un magnifique
collége de leur société. » (*Mémoires de Sully.*) — « Sur la
fin de cet an 1609, les Jésuites ayant obtenu un don du
roy de cent mille francs pour parachever le bastiment de
leur chapelle à La Flesche, en Anjou, en laquelle le cœur
de Sa Majesté doit estre enterré, se retirèrent vers M. de
Sully pour en estre dressés et payés. ... » (*L'Estoile.*)

— — — P. 30, l. 5. *Quelque tragédie-desja-représentée-plus-de
quinze fois en Lorraine ou en Savoye.* — C'est surtout au
collége de Clermont que la tragédie, jouée par les écoliers,
brillait dans tout son lustre. Mais on n'y représentait pas
seulement des nouveautés : les colléges de Pont-à-Mous-
son et de Thonon ou de Chambéry en Savoie, lui repas-
saient leur répertoire.

P. 30, l. 19. *Au docteur Marius Ambosius.* — Jacques-
Marie d'Amboise, né à Arles, nommé en 1576 professeur
(*in græcis litteris*) au Collége royal de France, à la recom-
mandation de Jean de La Guesle, dont il avait élevé les
fils. Il mourut à la maison de Sorbonne en novembre
1611, âgé de 73 ans.

P. 30, l. 21. *Voire quand bien M. Casaubon se mettroit
de leur costé.* — Isaac Casaubon, le savant professeur du
Collége royal de France, était protestant et d'une grande
piété; mais certains scrupules qu'on lui connaissait et son
caractère indécis l'exposèrent aux cajoleries intéressées des
Jésuites et au soupçon d'être toujours prêt à « se mettre
de leur costé ». Le mot est ainsi à double entente.

P. 30, l. 22. *Il n'y a qu'à craindre qu'ils obtiennent excommunication à Rome contre tous ceux qui sont plus doctes
qu'eux.* — Il est plus facile, dira plus tard Pascal, de trouver des moines que des raisons.

P. 31, l. 24. *Le bon père Commelet?* — Jacques Com-
molet (*sic*), natif d'Auvergne, jésuite et grand ligueur,
présida au conseil des Seize, proclama Jacques Clément
un ange, et prêcha contre le roi, dès 1589, comme un furieux et avec des grimaces de possédé. Le 2 février 1593,
il cria dans l'église Saint-Barthélemy : « Aod tua le roi des

Moabites. Il nous faut un Aod, fût-il moine, fût-il soldat, fût-il berger ! » (*L'Estoile*.) — Le 28 octobre 1593, il dit, au sortir de sa chaire « qu'on ne faisoit que tout brouiller, et que puisqu'on ne vouloit que Dieu nous mist d'accord, que le diable ou le Turcq nous y mettroit. » (*L'Estoile*.) — La Bibliothèque Montpensier contient (n° 79) : « *Les Grimaces racourcies du père Commelet*, mises en tablature par deux dévotes d'Amiens. »

P. 32, l. 25. *Au voyage du Roy à Metz, y a quatre ans.* — Henri IV s'était rendu à Metz, en mars 1603, pour y apaiser les discordes qu'avaient suscitées les deux frères Saubole (de Cominges), lieutenants du duc d'Épernon, gouverneur, et remplacer ces deux lieutenants par d'autres qu'il nomma lui-même. Il profita de ce voyage pour observer les princes allemands du voisinage et sonder leurs dispositions envers la maison d'Autriche.

P. 33, l. 22, *La dernière trahison descouverte l'an passé contre sa personne et son Estat.* — La fameuse conjuration des Poudres (*Guy Fawks*, etc.), dont l'Angleterre célèbre encore la découverte le 5 novembre. — « Sur la fin de cet an, dit le *Suppl. à l'Estoile*, fut découverte la tragédie d'Angleterre, qui étoit une horrible conjuration contre l'État du royaume et la vie de la personne du roy, lequel on devoit exterminer et faire sauter et brûler avec tout son conseil, dans son conseil même, puis tuer tout le peuple, etc. »

P. 34, l, 11. *Ceste masle-femme.* — Le ms. fournit une variante : *male-femme.*

P. 34, l. 12. *Et un droit.* — Corrigez et lisez: *au droit.*

P. 34, l. 22. *Le père Parson.* — Jésuite connu sous le nom latin de Robertus Personius, né en 1547 dans le comté de Sommerset, et mort en 1612. Élève distingué d'Oxford, il abjura et alla étudier à Padoue; puis il entra chez les Jésuites, et, après être revenu à Londres comme missionnaire envoyé par le cardinal Allen, il retourna à Rome où il fut fait recteur du séminaire anglais. Il y était lorsque fut découvert le complot des Poudres, dont on l'accusa d'avoir tenu les fils. « Cette damnable menée et conjuration ne regardoit pas seulement l'État d'Angleterre, mais celui de tous les princes voisins et potentats de la chrestienté. La traînée en estoit longue, et la fusée jetée embrasoit beaucoup de pays, même celui de la France, par l'artifice des jésuites, qui s'y trouvèrent bien avant mêlés (comme ils sont toujours en ces grandes bouleverses et renversemens d'Estats). Ce que le roy sçut bien dire au père Cotton quand il lui parla : « Je ne veux croire celui-là de vous autres, dit-il, ni toucher au général de votre ordre, si ce n'est à Person, qui est à Rome près de Sa Sainteté, lequel je sçais n'avoir ignoré cette pernicieuse menée et dessein. » (*Suppl. à l'Estoile.*)

P, 37, l. 11. *Madame sa mère.* — Le cardinal, son fils, était en procès avec elle. — Elle avait favorisé les amours du roi avec Gabrielle d'Estrées, sa nièce, et s'était affichée avec le chancelier Chiverny. Maîtresse de celui-ci, on l'appelait la maquerelle de celui-là. Un pasquil, qui courait en mars 1597 sur la cour, lui faisait dire d'elle et de son mari :

> *Ne suis-je pas un grand docteur ?*
> *Au moins je ne suis pas menteur,*
> *Car madame la Chancelière*
> *Me feroit fouetter par derrière,*
> *Comme un page par son mari.*

L'Estoile raconte (nov. 1594) le baptême du fils qu'elle eut alors, et dont chacun désignait le père, au point que Gabrielle d'Estrées, qui était marraine avec le roi pour compère, s'étant écriée, lorsqu'elle vint à lever l'enfant pour le présenter aux fonts : « Mon Dieu, qu'il est gros ! — Ventre-saint gris ! respondit le roy, ne craignez pas cela, il est bien bridé et *scellé.* » — « Et une dame qui n'estoit pas loin va dire qu'il ne se falloit point estonner s'il estoit bien pesant, puisqu'il avoit des *sceaux* pendus au cul. » Le roi lui-même en avait complimenté le chancelier en goguenardant, selon sa coutume. — A quelque temps de là (avril 1595), madame de Sourdis étant allée se plaindre au roi de ce qu'il avait cassé quelques compagnies de son mari, et alléguant, avec une présomption qui lui était habituelle, que cela avait « fait tort à M. de Sourdis et à elle du déshonneur beaucoup, laquelle parole le roy relevant forte promptement et de bonne grâce, lui dit que, pour le regard du déshonneur, jamais personne ne lui en feroit autant que M. le chancelier lui en avoit fait. » — Le pasquil précité de mars 1597 lui faisait dire, par allusion au baptême célébré trois ans auparavant :

Je te voue un enfant de cire,
Lucine, mère des pouppons.

P. 37, l. 1. *La teste de l'empereur de l'Orient de la Rhétorique.* — Sans doute pour le costume d'un empereur d'Orient, dans quelqu'une de ces tragédies tirées de l'Histoire sainte que les Jésuites faisaient représenter par leurs élèves de rhétorique.

P. 37, l. 8. *La table de M. le cardinal de Sourdis... la saincteté du bon seigneur...* — François d'Escoubleau de Sourdis, archevêque de Bordeaux en 1591, célèbre par toutes sortes de démêlés et d'éclats scandaleux. C'est lui qui s'attira à Rome ce brocard où Pasquin jouait sur son nom et sur son titre : *Il cardinale Sordido, arcivescovo di Bordello.* Sa mère était Isabelle Babou de la Bourdaisière, tante de Gabrielle d'Estrées, et, grâce à elle, il avait été fait cardinal à la nomination du roi, le 3 mars 1599. Il avait commencé par être écuyer à la grande écurie, et avait donné lieu à une épigramme qui n'est pas omise dans la *Confession de Sancy* (I, chap. 11 et 111). — L'Estoile dit (juillet 1609) : « Ils (les députés de la religion) obtinrent sentence favorable contre M. le cardinal de Sourdis, avec défenses fort expresses pour servir de bride à ses folies ordinaires, qui estoient telles et en si grand nombre, qu'on n'a point craint en pleine cour de dire tout haut qu'au lieu du bonnet rouge qu'il portoit, on lui devoit donner ung chapeau verd. » — La Bibliothèque de maistre Guillaume contient un livre intitulé : *L'embrasement de Sodome et Gomore, en vers françois, par le S. de la Bourdezière, dédié à M. de Sourdis.* Et la Bibliothèque de Mme de Montespensier : *Secret pour......... les pages, par M. de Sourdis.*

P. 37, l. 15. *La lecture qui se fait durant le repas.* — L'Université avait aussi, et a gardé jusqu'à nos jours, cette coutume de la lecture au réfectoire. Elle a bien dégénéré, ainsi que tant d'autres traditions! Ce n'est plus qu'une monotone et stérile psalmodie, étouffée par le bruit assourdissant que font les convives. Sa dernière heure a sonné : tous les dieux s'en vont !

P. 37, l. 18. *Un livre très-docte composé par M. le connestable.* — Henri de Montmorency, fait connétable en 1593 par Henri IV, qui disait de lui et de son chancelier Sillery : « qu'avec son chancelier, qui ne savoit pas le latin, et son connestable, qui ne savoit ni lire ni escrire, il pouvoit réussir à tout. » — Brantôme dit, en effet, qu'il ne savait pas lire et que son seing n'était que d'une marque. — Il mourut le 2 avril 1614. — Un pasquil qui courait en mars 1597 (*L'Estoile*) lui faisait dire de lui-même :

> *Mais suis né sous une planète*
> *Pour n'estre que marionnette.*

On va voir quel était le « livre très-docte » composé par lui.

P. 37, l. 19. *De la chasteté de la marquise de Noirmoutier.* — C'est Charlotte de Beaune de Semblançay, veuve de Simon de Fizes, seigneur de Sauve, secrétaire d'État, et qui épousa en secondes noces François de la Tremouille, marquis de Noirmoutiers. Maîtresse-femme pour les intrigues, elle eut en même temps le duc d'Alençon et le roi de Navarre, dont elle révélait les confidences à Catherine de Médicis et aux princes lorrains. C'est à quoi fait sans doute allusion le titre d'un livre plus que plaisant, mis sur son compte par la *Bibliothèque de Montpensier* (n° 24) : *Le Répertoire de la proportion des — françois avec la dimension des — de Lorraine, par madame de Noirmoutiers.*

P. 37, l. 20. *De la vie et gestes de M. de La Varenne...* — *Ses lucubrations nocturnes.* — Il était de moitié avec madame de Sourdis dans les intérêts du roi et de Gabrielle d'Estrées, autrement dit un parfait maquereau. Le choix d'une telle biographie pour être lue au réfectoire des Jésuites.... en Enfer, était donc tout indiqué, outre le mérite qu'elle avait d'être très-doctement composée par M. le connétable. — Voir dans la *Confession de Sancy* (I, chap. II et IV) tout ce que d'Aubigné fait dire à son héros sur La Varenne et consorts. — Dans la Bibliothèque de maistre Guillaume il figure à deux articles : 1° *Les Sept livres de la chasteté,* faits par La Varenne, dédiés à madame de Retz ; 2° *Les Préceptes de production, autrement de maquerelage,* composez par madame de Villers, commentez par madame de Vitry, dédiez à La Varenne.

P. 38, 1. 18. *La conversion de Sophy de Perse par un de la Société, et autres nouvelles orientales.* — Le souverain de la Perse a été longtemps, chez les Occidentaux, appelé *Sophy* ou *Sophi*. — Les Jésuites savaient déjà en ce temps-là exploiter les merveilles accomplies par eux dans les pays lointains. « Le mercredy 19 (nov. 1608), les pauvres porte-paniers morfondus crioient devant le palais, pour s'es-chauffer, *la Conversion de trois grands Rois infidèles par les pères jésuites*, laquelle bagatelle m'a cousté ung sol. » — « Lundi 15 (déc. 1608), j'ai acheté... *Advis d'un Jac-ques de Pontoise, jésuiste, sur le succès de leurs affaires au roiaume de Chine.* » — « On crioit ce jour (31 déc. 1608) la lettre d'un jésuite de Douay, nommé Trigaut, contenant force *nouvelles des Indes-Orientales*, et n'est qu'une pure fadèze qui m'a cousté trois sols. » (*L'Estoile.*)

P. 39, 1. 1. *Le sixiesme de l'Eneïde.* — Ce sixième livre, chef-d'œuvre dans un chef-d'œuvre, est, comme on sait, celui où Virgile fait descendre Énée aux enfers, en com-pagnie de la Sibylle :

> *Ibant obscuri solâ sub nocte per umbram...*

Il a été l'idée-mère de toutes les « Descentes aux Enfers » qu'on a imaginées depuis, y compris la présente, et il a fourni à Scarron le trait le plus comique et le plus connu de son *Énéide travestie* :

> *Là je vis l'ombre d'un cocher*
> *Qui, tenant l'ombre d'une brosse,*
> *En frottoit l'ombre d'un carosse.*

P. 39, 1. 22. *Au quartier des hommes et femmes fardez.* — Voir *les Tragiques* de d'Aubigné, au livre II, *Princes.*

P. 39. 1. 26. *A quelques pauvres Irlandois.* — Ils pullu-laient alors en France. « Samedi 2 mai 1606, furent mis hors de Paris tous les Irlandois, qui estoient en grand nombre, gens experts en fait de gueuserie, et excellans en ceste science par dessus tous ceux de ceste profession, qui est de ne rien faire et de vivre aux despens du peuple et aux enseignes du bonhomme Peto d'Orléans : au reste, habiles de la main et à faire des enfans, de la maignée des-

quels Paris est tout peuplé. On les chargea dans des bat-
teaux conduits par des archers pour les renvoyer par delà la
mer, d'où ils estoient venus. Belle décharge pour la ville
de Paris, dès longtems attendue, mais différée à l'extré-
mité, comme sont ordinairement ici les bonnes règles et
polices concernantes le bien et le salut du peuple. » (*Suppl.
à L'Estoile.* Voir *ibid.*, au 10 sept. 1605.)

P. 39, l. 27. *M. de Chanvalon, M. de Vilbon.* — Sur
Chanvalon, voir aussi, p. 62, l. 16, et la note page 110.
— Villebon, au pays chartrain, était une des terres de
Sully. M. *de Vilbon* désigne sans doute son fils aîné, qui
fut aussi prodigue que son père avait été économe.

P. 40, l. 6. *Ma guide estant preste...* — Ce mot était
alors du féminin, comme aujourd'hui encore *sentinelle,
vedette.*

P. 40, l. 17. *Entre les bons ivrongnes et gens de bonne
chère... le feu comte Charles de Mansfeld...*—De Thou dit
en effet, dans son Histoire, que ce vaillant capitaine s'était
signalé par ses excès de table. Il était cousin germain du
père de Bassompierre.

P. 40, l. 17. *Le feu comte de Salme.* — Jean, IXᵉ du
nom, maréchal de Lorraine, mort sans postérité en 1600.
Il était le parrain de Bassompierre.

P. 40, l. 18. *M. de Bassompierre.* — Le père de François, le favori de Henri IV, Christophe de Bassompierre,
gentilhomme lorrain, ambassadeur du duc de Lorraine en
France, et qui avait été grand ligueur, mort en avril 1596.

P. 40, l. 18 et 26. — *M. de Haussonville... Nouvelles
de son fils.* — Gentilhomme ordinaire de la chambre du
roi, maréchal de ses camps et armées, mort en 1607 sans
enfants de sa femme Christine du Chastelet, mais avait
adopté en 1605 son petit-neveu Nicolas de Nettancourt,
comte de Vaubecourt.

P. 40, l. 19. *M. de Schomberg, sergent-major de ceste
troupe.* — Un pasquil qui courait à Paris en mars 1597
(L'Estoile) lui fait dire de lui-même :

> *Si je suis ivrogne allemant,
> Si portugalisé Normant.*

Colonel des reîtres, il avait été naturalisé en 1570, fait gouverneur de la Marche et conseiller d'État, et confirmé dans ses charges par Henri IV. « Le 16 mars (1599), dit L'Estoile, M. de Chomberg, revenant de Conflans à Paris, mourut tout saoul dans son coche... M. de Villeroy avoit festoyé ce jour le roy à Conflans, où ledit comte de Chomberg s'estant trouvé, avoit donné sur le bon vin et mangé un peu trop d'ung poisson qu'on appelle le flettan. »

P. 40, l. 24 (et p. 67, l. 17). *Grand nombre de Suisses et d'Allemans.* — « La plus envieuse et la plus brutale nation, à mon gré, c'est l'allemande, ennemie de tous les étrangers ; ce sont des esprits de bière et de poisle, envieux de tout ce qui se peut. » (*Perroniana.*)

Lorsque les députés des cantons suisses vinrent à Paris, au nombre de deux cents chevaux, le 14 oct. 1602, pour renouveler l'alliance avec le roi, ils furent reçus et traités magnifiquement. On remarqua que « la pluspart desdits Suisses estoient fort en poinct, tous habillés de veloux, portant chaîne d'or au col ; au surplus, beaux hommes, forts, et qui avoient bonne trogne, et les faces cramoisies. Sur quoi, il y en eut un qui, les voyant entrer avec si bons minois et visages dans la chambre du roi, fit par plaisir sur l'heure le quatrain suivant :

> *Voyant passer ces gens étranges,*
> *Au teint vermeil et aux gros culs,*
> *Je pensois voir maints dieux Bacchus*
> *Revenant de faire vendanges.....*

Le 19 octobre, il y eut grand gala. Le roi but à ses compères et prit plaisir à les regarder longtemps « s'escarmoucher à coups de verres. En la salle basse, il y eut aussi une grande table ouverte pour les serviteurs des Suisses, qui triomphèrent de boire et manger. Il y en avoit un entre lesdits Suisses qu'on disoit qu'il portoit son ventre en écharpe, et buvoit demi-muid de vin par jour.... Sur les six heures du soir, messieurs les Suisses se retirèrent en leurs logis tout doucement, bien contens, saouls et traités... » (*Suppl. à L'Estoile.*)

P. 41, l. 11 et 21. *Feu M. le marquis de Pisani...... La marquise, sa veſve deffuncte.* — Jean de Vivonne, marquis de Pisani, mort en 1599, ambassadeur sous Henri III et Henri IV, avait épousé une Italienne de la famille Strozzi et Savelli, veuve d'un Ursini. Leur fille unique a été la marquise de Rambouillet, une des femmes les plus distinguées de ce siècle.

P. 51, l. 25. *De sa fille, gendre, et de M. et M*^me *de Rambouillet.* — Il faut sans doute corriger le texte en supprimant le premier *et*, puisque le marquis de Pisani n'eut qu'une fille, et par conséquent qu'un gendre. Il faut donc lire ainsi: De sa fille et gendre, de M. et Mme de Rambouillet.

P. 42, l. 5, 7, 10, 11. *M. de Saint-Luc.. son filz aisné... sa fille plus jeune... Le comte de Fiasco....* — Timoléon d'Epinay de Saint-Luc, né en 1580, mort en 1644, avait épousé la sœur de Bassompierre. « C'étoit, dit Tallemant des Réaux, un étrange maréchal de France, semblant de tout faire, mais ne faisant rien avec grâce; en outre, un plaisant homme en fait de femelles. » — « M. Despinelle m'a donné ce jour (10 juillet 1607) des vers françois faits par M. de Saint-Luc, *sur la disgrâce de ses amours avec la Meaupéou, niepce de M. de Verdun.* Ce ne sont qu'amourettes, *id est* folies. » (*L'Estoile.*)

P. 42, l. 13. *M. de Bourboné.* — Il était ami de la bonne chère et du vin, mais piètre amphytrion, à en croire le cardinal Du Perron : « Mon Dieu! quel mauvais disner j'ai fait chez luy! Mal appresté, mal ordonné et de mauvaise viande. C'est le bonhomme qui ordonne le tout : c'est à la façon de Lorraine. Il me souvient qu'un jour M. de Lorraine nous traita comme cela... Madame de Bourbonne est une galante dame, et qui a bien de l'esprit; mais luy est un veau. » (*Perroniana.*)

P. 43, l. 13. *M. de Montbazon.* — Hercule de Rohan, frère de Louis, VIIe du nom, mort sans enfants, et en faveur de qui le comté de Montbazon fut érigé en duché-pairie en 1594.

P. 44, l. 22. *Tous les financiers.... trésoriers, gabelleurs, partisans et autres.* — Voir les *Tragiques* de d'Aubigné, au livre I, *Misères*, et le Journal de L'Estoile, *passim.*

P. 44, l. 27 (et p. 48, l. 4). *Parant y estoit, homme de*

qui on tient un grand conte là bas, et qu'on a fort bien salé de peur qu'il ne pourrisse. — « Le samedi 23 de ce mois (nov. 1602) fut mise en terre à Paris mademoiselle Saint-Germain, femme du maistre des comptes Saint-Germain, âgée de quarante ans. Elle mourut pulmonique, laquelle maladie on disoit avoir gagnée à panser et solliciter M. Parent, malade de la pierre. » — « En ce mois (avril 1604) mourut à Paris... M. Parent, secrétaire du roy, partisan du sel. » — « Le lendemain, qui estoit le 5 de ce mois (may 1609), vinrent les nouvelles d'une encores plus signalée banqueroute et plus grande (que celle de Pingré), car elle estoit, ainsi qu'on disoit, de quatre cent mille escus, faite par Josse et Saint-Germain, maistre des comptes, gendre de feu Parent, partisan...., estimée de tant plus estrange que ledit Saint-Germain principalement estoit tenu pour honneste homme et homme de grands moyens. Tellement que M. le lieutenant civil mesme, qui respondit ce jour contre eux pour six vingt mille escus de requeste, ne le pouvant croire, ne voulust passer outre qu'il n'en eust esté premièrement accertené par Rezé, son gendre. Comme de fait ceste banqueroute estonna Paris, et l'anima si fort contre les banqueroutiers et partizans, qu'on tient que si elle fust arrivée deux jours devant, que Pingré eust esté pendu et n'eust esté guères plaint, pour estre en réputation d'un grand charlatan et qui avoit l'âme meschante et cautérisée, et duquel les livres estoient faux. » (*L'Estoile.*) — (Voir notre *Introduction*, p. VII.)

P. 45, l. 4. *M. de Gesvres, et combien il avoit gagné par ses substituts ceste année sur le party.* — Louis Potier, seigneur de Gesvres, secrétaire d'Etat pour les finances.

P. 45, l. 11. *Tant de receveurs de tailles, de décimes, de gabelles, tant de trésoriers de France, maistres et auditeurs des comptes, et tout ce tas de financiers ne sont que sang-sües...* — Voir les *Tragiques* de d'Aubigné, l. I, *Misères,* et le Journal de L'Estoile, *passim.*

P. 48, l. 23. *Les présidents Durandy et Brisson.* — Duranti, premier président du parlement de Toulouse, fut tué aux Jacobins, le 10 février 1589, pour s'être opposé aux séditieux qui avaient pris les armes contre le roi. Son corps fut, avec celui de Daffis, traîné dans les rues, et tous deux pendus au gibet. — Barnabé Brisson, président au parlement de Paris, forcé par les ligueurs de prendre la place du premier président du Harlay, détenu à la Bastille, leur devint suspect, fut arrêté le 15 nov. 1591 et conduit au Petit-Châtelet, où on le pendit à une poutre de la chambre du Conseil.

P. 49, l. 1. *Les Srs Daffis et Larcher.* — Jacques Daffis, avocat général au parlement de Toulouse, fut étranglé dans la Conciergerie du Palais le même jour que Duranti avait été tué aux Jacobins. — Claude Larcher, conseiller de la grand'chambre du parlement de Paris, pour avoir résisté à la faction des Seize, subit le même sort que Barnabé Brisson et que Jean Tardif, conseiller au Châtelet, le 15 nov. 1591.

P. 49, l. 11 et 17 (p. 51, l. 10-12, et p. 58, l. 8). — *M. le président, son fil₂ .. son Histoire.* — Cette *Histoire*, qui va jusqu'en 1607, était alors terminée et occupait vivement l'attention publique.

P. 50, l. 10 (et p. 58, l. 8). *La feue Roine-mère.* — Catherine de Médicis, ce fléau de la France : ne suffit-il pas de la nommer? — La *Bibliothèque de Montpensier* (n° 1) lui attribue : « *Le Pot-poury des affaires de France*, traduit d'italien en *françois*, par la reyne-mère », et ajoute (n° 23): « *La Révellation des secrets de la Ligue, mise d'espagnol en françois, par M. de Nevers, à la louange de la reyne-mère.* »

P. 50, l. 11. *M. le président Jannin.... à cause qu'il ne le pouvoit estre en cestuy-cy.* — « En ce temps-là, dit L'Estoile (fin oct. 1609), la disgrâce de M. le chancelier, auquel on disoit qu'on alloit oster les sceaux pour les bailler au président Jannin, estoit tenue sur les rancs à Paris, où on ne parloit d'autre chose, mais non à Fontainebleau et à la cour, où il ne s'en disoit rien, sinon bien sourdement et à l'oreille. Et encores que tels bruits soient souvent faux, comme beaucoup estiment de cestui-ci, si les a-t-on toujours remarqués. »

P. 50, l. 14. *Feu M. de Chiverny.* — Voir ci-dessus, p. 8, et la note y afférente, p. 80, ainsi que celle qui se rapporte à Mme de Sourdis, p. 96.

P. 50, l. 16. *Madame de Sourdis.* — Voir ci-dessus, p. 37, et la note y afférente, p. 96.

P. 50, l. 26-27. *Ses filʒ.... au comte de Chiverny....*
— Il s'agit ici de l'aîné, Henri, capitaine de cent hommes
d'armes, qui avait épousé : 1º en 1588, Françoise Chabot,
fille du grand écuyer de France ; 2º Marie Gaillard, fille
de Galerand, seigneur de la Morinière-en-Blaisois, et de
Marguerite de Hambre, de laquelle il eut sept enfants. Il
mourut le 1ᵉʳ mars 1648.

P. 51, l. 6. *Pour l'evesque de Chartres.... la chasse des
lièvres de Beausse.* — Philippe, second fils de Chiverny,
né en 1579, nommé évêque de Chartres en 1599, après la
mort de Nicolas de Thou, son grand-oncle. Grand chas-
seur devant l'Éternel, comme Nemrod, il se préoccupait
peut-être plus des lièvres que des ouailles de son diocèse.
Il mourut le 27 mai 1620.

P. 52, l. 13. *Où pouvoit estre Ligoli.* — C'est Pierre
Lugoli, qui, « lieutenant du grand prévost (c'est-à-dire lieutenant criminel de robe courte) », fut chargé de la garde de
Marthe Brossier, en 1599, et « étoit fort contraire à ces
faiseurs de fables ». (*Conf. de Sancy*, I, ch. 6.) C'est lui
qui avait fait étrangler Barrière, l'assassin du roi, à Me-
lun, le 30 août 1593. — Le 28 décembre 1595, « Jean
Chastel fut interrogé... M. Lugoli, s'estant desguisé en
prebstre pour essayer si par la confession il en pourroit
point tirer davantage, vinst à le confesser ; et combien
qu'il jouast dextrement ce personnage, si fust-il descou-
vert tellement qu'il n'en put jamais rien tirer. » (*L'Estoile.*) — « En ce mois (mai 1600) mourust en sa maison
de Gontaine-aux-Champs le lieutenant Lugoli, serviteur
du roi, et qui eust bien servi de Tristan l'Hermitte à un
mauvais roy, comme estoit Louis XI qu'il servoit. (*L'Estoile.*) La Bibliothèque de Montpensier lui attribue, (nº 60) :
Traittez de l'innocence, extraits du latin de M. Lugolis
par M. le grand prevost, pour la consolation des mar-
tyrs. »

P. 52, l. 27. *A la Tournelle, veoir donner quelque sentence.* — « Bon ! cela fait toujours passer une heure ou
deux ! » dira cinquante-huit ans plus tard le Dandin des
Plaideurs de Racine en parlant de la question (acte III,
scène IV).

P. 53, l. 24. *Encores une fois M. de Baummes.* — Lisez
de Bauves (voir les notes ci-dessus, p. 83 et 85).

P. 54, l. 4. *M. le prince de Jeinville...* — On prononçait en effet *Jainville*, et le nom est ainsi écrit dans L'Estoile et ailleurs. — Claude de Lorraine, quatrième fils du duc de Guise (Henri), tué à Blois, prince de Joinville, depuis duc de Chevreuse, et mort en 1657. Rien de plus léger et évaporé que ce jeune prince, qui, pour se donner l'air d'un homme d'importance, avait pris part aux menées du comte d'Auvergne et du maréchal de Biron. Le roi leur pardonna à tous deux après un court séjour à la Bastille, en octobre 1602. — L'Estoile mentionne (fin d'oct. 1609) que « en ce mesme temps le prince de Jainville, continuant ses coups à la cour à l'endroit des folles dames (que Tertullien, de son temps, appeloit *publicarum libidinum victimas*), s'estant adressé à une comtesse de ceste qualité, favorite du roy, laquelle, pour s'en excuser et couvrir son fait, alléguoit une promesse de mariage qu'elle avoit dudit sieur prince, sous laquelle elle prétendoit avoir légitimement fait ce qu'elle avoit fait, encourt la mauvaise grâce de Sa Majesté, qui lui commande de se retirer ou de l'espouser. A quoi, du commencement faisant semblant de prester l'aureille pour plus seurement en jouir et à son plaisir, déclare finalement que jamais son intention n'avoit esté telle ».

P. 54, l. 7. *Par Nostre-Dame des Ardilliers.* — C'est un lieu de dévotions et de pèlerinages près de Saumur. « Ce qui fasche le plus de ces diableries mal jouées, c'est que l'affront en est à Nostre-Dame des Ardilliers... » (*Confession de Sancy*, I, ch. 6.) On y avait conduit Marthe Brossier, la possédée, avant de la traîner à Angers et de l'amener à Paris. On y faisait des pèlerinages comme aujourd'hui ceux de la Salette et de Lourdes. (Voir, *loc. cit.*, l'histoire de Mme de Montigny, de Mme Avoye et du curé.)

P. 54, l. 15, 17, 19. *Feu M. le mareschal de Balagny.* — « En ce mois (juin 1603) mourut le maréchal de Balagny, fils d'un évesque que chacun a reconnu en France pour un très-grand et docte prélat. Son épitaphe lui a été dressée dès longtemps, comprise en ces vers :

> *Cy gist Balagny sans couronne,*
> *Bien que son père l'ait porté.*
> *L'Espagnol dans Cambray lui donne,*
> *Pour mieux honorer sa personne,*
> *Le titre de prince avorté. »*

Jean de Montluc de Balagny était bâtard de l'évêque de
Valence. Gouverneur de Cambrai depuis 1580, il s'attribua
vers 1589 la qualité de prince souverain. Étant venu au
secours des Parisiens, qui assiégeaient Senlis, il eut sur les
bras La Noue Bras-de-Fer, qui battit les troupes ligueuses
et le fit fuir en vrai poltron. Traitant avec le roi en 1594,
il fut nommé maréchal de France, et retourna à Cambrai,
où il se vit assiégé par le comte de Mansfeld et les Espagnols en 1595, et se montra encore un triste sire, lésinant
sur les vivres et les munitions de la garnison, et finissant
par rendre la place honteusement, non sans avoir stipulé
pour lui-même le payement de ses dettes. Puis il alla trouver le roi à Péronne et lui conter ses exploits avec une im-
passibilité incroyable.—La *Confession de Sancy* (I, ch. 10)
le traite en conséquence ; elle le représente dans ses trans-
formations successives : « De champi (bâtard), capitaine ;
de capitaine, prince souverain ; de prince, poltron ; de
poltron, banni ; de banni, maréchal ; de maréchal, cocu, et
maréchal aussy connu que le maréchal Vulcain. » Veuf
de Renée de Clermont d'Amboise, que sa lâche défense de
Cambrai avait tuée, il avait épousé Diane d'Estrées, sœur
de Gabrielle, dame galante, par qui il fut dûment en-
corné. La *Bibliothèque de Mᵉ Guillaume* compte sur ses
rayons imaginaires : « *Trois harangues militaires à la
louange de l'archiduc d'Autriche, dédiées au prince de Cambray* », et aussi : «*Le Remède de la Péronelle contre la solu-
tion de la continuité, dédié à la maréchale de Balagny.* »

On voit pourquoi Balagny demandera, quelques lignes
plus loin, « des nouvelles de la guerre, et s'il estoit vrai
qu'on va assiéger Cambray ».

P. 55, l. 7. *Car si je ne l'eusse pas perdüe, il n'auroit pas
maintenant occasion de la regaigner.* — C'est le mot de
Fabius que Cicéron rapporte dans son *De Senectute* : « Sali-
natori, qui, amisso oppido, fugerat in arcem, glorianti
atque ita dicenti : « Mea opera Q. Fabi, Tarentum rece-
pisti, » — « Certe inquit ridens, nam nisi tu amisisses,
nunquam recepissem. »

P. 55, l. 16. *A M. de la Trimoüille.* — Claude de la
Trimoïlle, duc de Thouars, pair de France, prince de Tal-
mont, mort de la goutte, à l'âge de trente-huit ans, le
15 oct. 1604. « Grand seigneur et grand terrien, et, hors
cela (dit quelqu'un), *rien.* » (Suppl. à *L'Estoile.*)

P. 55, l. 22. *Feu madame, sœur du roi...* — Catherine de Navarre, mariée le 31 janvier 1599 au duc de Bar.

P. 56, l. 21. *Madame de Verneuil est-elle en cour?* — Voir ci-après, p. 69, et la note y afférente, p. 112.

P. 56, l. 24, 28. *Monsieur le comte de Soissons... — Sa lignée.* — Charles de Bourbon, comte de Soissons, dernier des fils du prince Louis Ier de Condé et de Françoise d'Orléans-Longueville. Il avait su gagner le cœur de madame Catherine, qui lui avait fait une promesse écrite de mariage, et conserva toujours une préférence marquée à son égard; mais le roi s'opposa à leur union, et rien ne put vaincre sa résistance.

P. 57, l. 2, 10. *Monsieur le prince de Conty... et toute sa génération.* — François de Bourbon, prince de Conti, frère aîné du comte de Soissons.

P. 57, l. 15 (et p. 61, l. 1.) *D'un livre de Fernel.* — Non moins célèbre comme mathématicien que comme médecin, Jean Fernel a publié, de 1526 à 1558, année de sa mort, plusieurs ouvrages tant sur les mathématiques que sur la médecine. D'autres furent posthumes. Celui qu'on lui prête ici est une allusion satirique aux constantes préoccupations de la duchesse de Bar sur ses prétendues grossesses.

P. 58, l. 1, 3. *La feu Royne-mère... se confessoit à M. le cardinal de Lorraine.* — On sait qu'elle fut accusée par les pamphlets du temps de s'être effectivement *confessée* audit cardinal.

P. 58, l. 24. *La coppie du testament de la royne Marguerite....* — Ayant gagné les 30 mai et 17 juin 1606, le procès qu'elle avait intenté à Charles de Valois, fils de Charles IX et de Marie Touchet, et obtenu par là les comtés d'Auvergne et de Clermont, ainsi que les biens situés dans le ressort du parlement de Paris qui avaient appartenu à Catherine de Médicis, elle en disposa bientôt après, par une donation entre-vifs, en faveur du roi et du dauphin, ne s'en réservant que l'usufruit pendant sa vie. Dès lors, on ne vit plus de dauphin d'Auvergne, et l'on ne connut plus d'autre dauphin que celui de Viennois, fils aîné des rois de France.

P. 58, l. 27. *Elle eust esté plus sage...* — Le comte de Choisi, qui avait placé sa fille dans la maison de la reine Marguerite, et que les intrigues de Bajeaumont, son nouvel amant, avaient forcé à l'en retirer, répondit à cette princesse, qui se plaignait de la mauvaise conduite de la demoiselle Choisi : « Si vous vous fussiez, Madame, aussy bien gouvernée que ma fille, vous auriez encore la couronne que vous avez perdue. » (Voir le Journal de L'Estoile, à la fin de janvier 1608.)

P. 59, l. 14. *Est aussi bien en vie maintenant qu'il estoit il y a six cens septante ans.* — Il doit y avoir ici dans le texte quelque lacune ou altération, rendant le sens inintelligible.

P. 60, l. 5. *Je n'eusse pas perdu le denier de...... en Angleterre.* — Il faut évidemment suppléer : *le denier de Saint-Pierre.*

P. 60, l. 26. *Laissez nostre bonne fille aller aux prisons, aux hospitaux, racheter tous nos peschez et les siens.* — Dreux du Radier, dans ses *Anecdotes des Reines*, la montre « tantôt prosternée au pied des autels, entendant plusieurs messes dans un jour, visitant les hôpitaux, distribuant le jour de sa naissance et aux quatre fêtes solennelles cent écus d'or aux malheureux, entretenant annuellement cent onze pauvres, quarante prêtres anglois ; bâtissant et enrichissant les monastères, et entr'autres celui des Jésuites à Agen et celui des Augustines du faubourg Saint-Germain ; passant des exercices de piété aux plaisirs les plus sensuels, et se livrant, après une retraite sainte et austère, aux raffinements de toutes les voluptés. C'est dans ce mélange bizarre de dévotion et de galanterie qu'elle finit ses jours. » (*Hist. de Marguerite de Valois*, par Mongez. Paris, 1777.)

P. 60, l. 28. *Et remerciez Dieu de ce que Fernel vous fit des enfans.* — Fernel passa pour avoir fait cesser la stérilité de Catherine, qui durait depuis neuf ans.

P. 61, l. 5. *Sa résolution d'estre allée à Paris, bonne, sur ma foi, et vertueuse, nonobstant les moqueries qu'on en a faictes.* — La reine Marguerite, qui vivait reléguée au château d'Usson, en Auvergne, prit le parti de revenir à Paris, « où, dit l'Estoile, on ne l'avoit point vue depuis vingt-quatre ou vingt-cinq ans. » Elle y arriva en août 1605 et prit logis à l'hôtel de Sens.

P. 61, l. 27. *Vostre neveu le comte d'Auvergne à la Bastille.* — Charles de Valois, comte d'Auvergne, était le fils de Charles IX et de Marie Touchet, sa maîtresse, qui épousa ensuite François de Balzac, comte d'Entragues, gouverneur d'Orléans, auquel elle donna entre autres enfants Henriette, plus tard marquise de Verneuil et maîtresse de Henri IV. Ayant avec sa sœur et son père formé un complot contre le roi, le père et le fils furent condamnés par arrêt du 1er février 1605 à avoir la tête tranchée, et la fille à être renfermée dans l'abbaye de Beaumes-lez-Tours ; mais le roi commua cette peine en prison perpétuelle à la Bastille, et ne s'arrêta pas là dans la voie de l'indulgence.

P. 62, l. 16. *Chauvelon est le sûrintendant... Vous l'avez autrefois trouvé si doux....* — C'est *Chanvalon* (voir ci-dessus p. 39 et 100), c'est-à-dire Jacques de Harlay, seigneur de Champvallon, grand écuyer du duc d'Alençon, grand maître de l'artillerie pendant la Ligue, créé chevalier du Saint-Esprit en 1602, mort en 1630. Un des nombreux favoris de Marguerite de Valois. On le nommait « le beau chevalier » et le *Divorce satyrique* dit qu'elle l'appelait son *conseil.* C'est vers 1580 qu'elle s'éprit de lui, et de leurs amours naquit un fils qui fut plus tard connu sous le nom de *père Archange,* capucin. (*Tallemant des Réaux.*)

P. 64, l. 9-27, (et p. 73, l. 3). *Les nopces de Florimond de Raymond..., qui se marioit à Jeanne la Papesse.* — Ce conseiller au parlement de Bordeaux, qui était un huguenot converti, s'était signalé par son zèle antihuguenot. Il a écrit une volumineuse *Histoire de l'Hérésie.* Il avait publié dès 1588 un ouvrage destiné à combattre *l'Erreur populaire de la papesse Jeanne,* ou *l'Anti-papesse.*

P. 64, l. 22. *M. d'Esdiguières.* — Le maréchal de Bonne, duc de Lesdiguières, plus tard connétable.

P. 64, l. 24. *M. de Roquelaure.* — Antoine de Roquelaure, chevalier des ordres du roi, maître de sa garde-robe, qui devint maréchal de France en 1615, et mourut le 9 juin 1625, à l'âge de 81 ans.

P. 64, l. 24. *Au général des galères.* — Philibert-Emmanuel de Gondy, qui avait succédé à son frère Albert, le 15 avril 1598, en la charge de général des galères du roi. Il mourut en 1626.

P. 65, l. 9-15. *Le bon Lipsius.... mais Jodorlap.* — Né à Isch, près Bruxelles, le 18 octobre 1547, il avait changé son nom de *Jodoce* (Josse) *Liep* (estropiés dans notre texte) en celui de *Justus Lipsius.* Il se fit catholique à l'âge de 45 ans, et se signala alors par sa dévotion de néophyte à la Vierge. Il écrivit l'Histoire des miracles de Notre-Dame de Hall (*Diva Virgo Hallensis.* Antv., 1604, in-8) et lui voua une plume d'argent. Il mourut à Louvain, à 58 ans, le 23 mars 1606, après avoir ordonné à sa femme d'offrir sa robe fourrée de professeur à l'autel de Marie, en l'église de Saint-Pierre, ce qui égaya fort le monde savant et édifia médiocrement les fidèles. (V. *L'Estoile*, au 30 nov. 1606.)

P. 65, l. 25 (et p. 66, l. 10). *Le pape Léon onziesme.* — Alexandre Octavien, qui promettait un bon pape, mourut le 27 avril 1605, après un pontificat de 26 jours, ayant été proclamé le 1er avril.

P. 66, l. 1. Le mot *pieds* est mis au-dessus du mot *mains*, qui a d'abord été écrit par le copiste.

P. 66, l. 5. *Madame Conchine.* — Leonora Galigaï, la femme de chambre florentine de la reine, mariée à Concini, depuis maréchal d'Ancre. Il est à remarquer que Marie de Médicis n'est pas même nommée et n'est l'objet d'aucune autre allusion que celle-ci dans tout le cours de notre satire.

P. 67, l. 6. *En pur don la République de Venise.* — La République de Venise eut en 1605, avec le pape Paul V, un grave démêlé qui fit craindre aux uns, espérer aux autres, une rupture définitive et un schisme. D'Aubigné fait allusion à cet événement dans ses *Tragiques* (livre V, *les Fers*, p. 248, v. 30, édit. Jouaust) :

Venise voit du jour une aube sans soleil.

P. 68, l. 9. *Ils n'ont pas faulte de bons acteurs en Enfer.* — On sait que pendant longtemps la sépulture catholique fut refusée aux acteurs, et que ceux de la Comédie française ont été plaisamment appelés : MM. les *excommuniés* ordinaires du roi.

P. 68, l. 13. *Ils nous donnèrent une Pastorelle.* — Les *ballets* que l'on donnait alors dans les fêtes n'étaient autres que des *pastorales* mimées et dansées, dans le genre de celle que l'auteur décrit ici. Voici le titre d'un petit volume imprimé presque au même moment que notre satire et qui montre combien le ballet politico-pastoral était couleur du temps : *l'Amphithéâtre pastoral, ou le Sacré Trophée de la Fleur-de-Lys triomphante de l'Ambition Espagnole. — Poëme bocager de l'invention de P. du Pescher, Parisien.* — A Paris, chez Abraham Saugrain, rue St-Jacques, devant S.-Benoist, 1609 (dédicace à Monseigneur Le Grand, privilége du 17 octobre 1608). In-12 de 104 ff. et 4 ff. prél.

P. 68, l. 26. *Comme elle caressait son aigle.* — L'aigle éployée, qui figura dans le blason de l'empire d'Allemagne.

P. 69, l. 6. *Une marquise de Verneuil.* — La célèbre Henriette de Balzac d'Entragues, qui consola promptement Henri IV de la mort de Gabrielle d'Estrées et des désagréments que lui occasionnait son mariage avec Marie de Médicis. — Les Mémoires de Bassompierre parlent d'une intrigue galante qu'elle eut avec le prince de Joinville en 1603, et que le roi découvrit à son retour de Metz. (V. p. 106.)

P. 69, l. 6. *Une madame de Moret.* — Jacqueline de Beuil vint distraire Henri IV de la marquise de Verneuil (oct. 1604) et succéda à celle-ci. Le roi la fit comtesse de Moret et la maria au marquis de Vardes. — « Le prince de Joinville sort de la cour (dit L'Estoile, mars 1607) et se retire à Saint-Dizier..., disgracié de Sa Majesté pour soupçon de quelques amourettes entre lui et la comtesse de Moret.... » (V. p. 106.) — Sully rapporte qu'elle fut encore courtisée par le comte de Sommerive (Charles de Lorraine), second fils du duc de Mayenne.

P. 69, l. 7. *L'un de ces bergers s'appeloit Henriot.* — Coïncidence frappante ! Le moment où fut répandu l'*Enfer* est précisément celui où Henri IV, éperdument épris de Marguerite de Montmorency, allait la marier au prince de Condé (17 mai 1609) et faire pour la revoir toutes les folies imaginables. Il allait se déguiser avec de fausses barbes, se travestir en Flamand, en postillon ou en valet de chiens ; enfin échanger avec l'objet de sa passion des billets où il serait le *Berger Céladon* et elle la *Nymphe Galatée*. Malherbe se chargeait d'ailleurs de chanter les plaintes d'*Alcandre* sur l'absence d'*Oranthe*. Et cette grande extravagance royale allait entrer pour sa part dans de grands desseins politiques et militaires que nous esquisse ici l'auteur de l'*Enfer* sous la fiction bien trouvée d'une *Pastorale*.

P. 69, l. 16. *Tesmoing mon voyage il y a trois ans à la porte de vostre maison, soubz ombre de ces deux béliers...* — Le voyage de Henri IV à Metz est de mars 1603. (V. ci-dessus, p. 95.) L'*Enfer* aurait donc été écrit vers 1607. — La démonstration sur Sedan est de mars 1606. (V. p. 78.)

P. 70, l. 23. *L'autre berger, nommé Philippot.* — Le roi d'Espagne Philippe III.

P. 70, l. 26. *Mon gouverneur de Lerme.* — Le duc de Lerme (François de Sandoval de Roxas), ministre de Philippe III, qui fut effectivement pendant vingt années de 1598 à 1618, le véritable chef de la monarchie espagnole.

P. 70, l. 19. *Une tragédie de la Vie et Mort de feu Monsieur de Guise.* — Il existe une pièce en vers intitulée : *la double tragédie du duc et cardinal de Guyse, jouée à Bloys le XXIII et XXIIII décembre dernier, Envoyée à Monseigneur le Duc du Mayne et autres Princes Catholiques, qui tiennent le party de la saincte union. A Paris, pour* Fleurant des Monceaux, rue du Bon Puis. M.D.LXXXIX, in-4 de 4 ff. — C'est une déploration en cent vers, s'adressant « à Paris, au Soldat, au Marchand, au Peuple, au Parlement, aux Estats. »

P. 70, l. 9. *Un allérion gros et gras..... que non pas la fleur de lys.* — L'alérion, ou aiglette, qui figure dans le blason de la maison de Montmorency.

P. 72, l. 15. *Un livre intitulé : De la Virginité, que le roy de France avoit composé.* — Allusion ironique aux amours intempestifs du vieux vert-galant.

P. 72, l. 16. *Monsieur d'Alincourt.* — Charles de Neufville, marquis d'Alincourt, fils unique de Villeroy, Il avait remplacé en juin 1695, comme ambassadeur à

Rome, M. de Béthune, frère de Rosni. Il avait été d'abord prévôt de Paris pendant la Ligue (*L'Estoile*, 12 juin 1592), et avait « fait accord en même temps que son père avec le roi » (février 1594). Il fut nommé gouverneur de Lyon le 11 février 1596. Ambassadeur à Rome en 1600, c'est lui qui négocia le mariage du roi avec Marie de Médicis.

P. 72, l. 30. *Monsieur de Nemours.* — Henri de Savoie, duc de Nemours, né à Paris en 1572, mort en 1632. Il avait suivi la Ligue, puis s'était dévoué à la cause de Henri IV et signalé au siége d'Amiens, en 1594. C'était un vaillant capitaine.

P. 72, l. 24. *Monsieur de Villeroy.* — Nicolas de Neuf-ville, seigneur de Villeroy, ministre d'État sous Charles IX et ses successeurs, de 1567 à 1617, année de sa mort.

TABLE DES MATIÈRES

———

Pages.

INTRODUCTION . . . .

    I Le manuscrit de l'*Enfer*   II

   II Notre copie sauvée des feux   III

 III Caractère particulier de l'opuscule . . .   IV

  IV *L'Enfer* est-il de d'Aubigné? Il est de
       main d'ouvrier   V

   V *L'Enfer* est-il inédit? Recherches biblio-
       graphiques   VI

  VI *L'Enfer* a besoin de commentaires et d'é-
       claircissements   X

 VII Sommaire analytique   XII

VIII *L'Enfer* est un produit de l'esprit gaulois,
       et tient sa place parmi les petits pam-
       phlets historiques. Il est plein d'ironies
       charmantes et toujours actuelles . .   XXIV

Pages.

Index . . . .

I Personnages, mentionnés dans *l'Enfer*,
qui étaient morts avant 1609   XXIX

II Personnages, mentionnés dans *l'Enfer*,
qui vivaient encore en 1609   XXXI

III Personnages, épisodes historiques et sujets divers, mentionnés dans *l'Enfer*,
ou présentés allégoriquement, collectivement, etc   XXXIII

L'ENFER.   I

Notes, éclaircissements et corrections. . .   75

Paris, imp. Jouaust, rue St-Honoré, 338.

LE CABINET

DU

BIBLIOPHILE

PIÈCES RARES OU INÉDITES

ÉDITIONS ORIGINALES

———

E *Cabinet du Bibliophile se compose de pièces rares ou inédites, intéressantes pour l'étude de l'histoire, de la littérature et des mœurs du XVe au XVIIIe siècle. Il comprend aussi les éditions originales de ceux de nos grands écrivains dont le premier texte présente des différences notables avec le texte définitif. — Le double intérêt de rareté et de curiosité que présentent ces publications leur assigne une place dans le Cabinet du Bibliophile, dont elles forment la bibliothèque intime.*

Le nombre de ces publications est illimité. Elles

paraissent successivement, sans un ordre déterminé, et à mesure qu'il s'en rencontre qui semblent dignes d'être reproduites. — Chacune d'elles, indépendante de toutes les autres, peut être achetée séparément. Le seul lien qui existe entre elles est dans la pensée de former pour les bibliophiles une collection qui réponde à leurs goûts et à leurs besoins.

CONDITIONS DE LA PUBLICATION

(*Impression.*) Les volumes sont imprimés sur très-beau papier vergé de Hollande, et recouverts en parchemin factice replié sur doubles gardes. Ils sont tirés le plus souvent à 300 exemplaires. Chaque publication porte, du reste, le chiffre exact et le détail du tirage, et tous les exemplaires sont numérotés.

(*Exemplaires de choix.*) Il est tiré également quelques exemplaires sur papier de Chine et sur papier Whatman. Ces exemplaires étant toujours les premiers vendus, les personnes qui voudront se les assurer devront nous les demander à l'avance.

(*Exemplaires sur vélin et sur parchemin.*) Les amateurs qui désireraient des exemplaires sur vélin ou sur parchemin sont priés de nous en prévenir. Ils trouvent toujours, sur un catalogue joint au dernier volume paru, ainsi que sur le catalogue général de notre librairie, l'indication des ouvrages en préparation, et peuvent ainsi nous envoyer leurs demandes avant que l'impression soit commencée.

(*Souscripteurs.*) Il est donné avis de la publication de chaque volume à toute personne qui en manifeste le désir. Les amateurs qui souscrivent à toute

la collection reçoivent les volumes dès qu'ils paraissent.

(*Prix.*) Le prix des volumes varie ordinairement
de 5 à 10 fr. pour les papiers vergés, et de 10 à 20 fr.
pour les papiers Whatman et les papiers de Chine.

———

EN VENTE.

Le Premier Texte de La Bruyère (1688), publ.
par D. Jouaust. 1 volume de 240 pages. .   10 fr.

Le Premier Texte de La Rochefoucauld (1665),
publ. par F. de Marescot. 1 vol. de 152 pages.   7 50

La Chronique de Gargantua (*s. d.*), premier texte
du roman de Rabelais, publ. par Paul Lacroix. 1 vol.
de 104 pages . . . .   5 »

La Puce de Madame Desroches (1610), publ. par
D. Jouaust. 1 vol. de 140 pages. (*Épuisé.*)   7 50

Amusements sérieux et comiques, de Dufresny
(1705), publ. par D. Jouaust. (Idée première des
Lettres Persanes.) 1 vol. de 124 pages. . .   6 »

Lettres Turques, de De Saint-Foix (1744), publ.
par D. Jouaust. (Imitation des *Lettres Persanes.*)
1 volume de 116 pages. . . . .   6 »

Satires de Dulorens, édition de 1646, avec
un *portrait authentique* de l'auteur. Publié par
D. Jouaust. 1 volume de 258 pages. . . . .   12 »

Poésies de Tahureau, publiées par Prosper Blan-
chemain. Tome Ier : *Premières poésies* (1554).   8 »

—   Tome II : *Sonnets, Odes et Mignardises*
(1554). . . . .   10 »

Maximes de Madame de Sablé (1678), publiées par D. Jouaust. . . . . 5 »

Élégies de Jean Doublet, Dieppois (1559). 1 vol. 8 »

Le Traicté de Getta et d'Amphitrion, traduit du latin en vers français par Eustache Deschamps (XVe siècle), publié par le Mis de Queux de Saint-Hilaire. 1 vol. . . . . 5 »

Lettres et Poésies inédites de Voltaire, publiées par V. Advielle. . . . . 5 »

La Chronique de Gargantua, de Pantagruel (s. d.), publiée par Paul Lacroix. 1 volume . 8 »

SOUS PRESSE :

Les Marguerites de la Marguerite (1547), publ. par Félix Frank. 4 volumes.

EN PRÉPARATION :

Poésies de Marie de Romieu. 1 volume.

Poésies de Courval-Sonnet. 1 volume.

———

A LA LIBRAIRIE DES BIBLIOPHILES

RUE SAINT-HONORÉ, 338, A PARIS

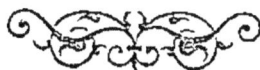

Mai 1872.

OCCVPA PORTVM

IOV AVST

www.ingramcontent.com/pod-product-compliance
Lightning Source LLC
Chambersburg PA
CBHW052358090426
42739CB00011B/2427